令和元年
会社法
改正
Corporate Law

コーポレートガバナンスの
強化と合理化に向けて

辺見紀男
武井洋一 [編]
枌田由貴

中央経済社

はしがき

　改正会社法は，令和元年（2019年）12月4日，第200回国会（臨時会）におい
て可決成立し，同月11日に公布された。改正法の施行日は，公布日から1年6
カ月以内の日とされている（改正法附則1条。ただし，株主総会資料の電子提供
及び会社の支店登記の廃止については公布日から3年6カ月以内に施行）。

　本書は，その改正内容につき，企業法務に精通した弁護士が，分かりやすく
解説したものである。

　今回の会社法改正は，**平成26年改正法附則第25条**（平成26年6月27日法律第
90号，平成27年5月1日施行）において，「政府は，この法律の施行後2年を経
過した場合において，社外取締役の選任状況その他の社会経済情勢の変化等を
勘案し，企業統治に係る制度の在り方について検討を加え，必要があると認め
るときは，その結果に基づいて，社外取締役を置くことの義務付け等所要の措
置を講ずるものとする」と定められたことに基づく。

　同附則を受け，**法務大臣の法制審議会に対する諮問**（平成29年2月9日付第
104号）では，「近年における社会経済情勢の変化等に鑑み，株主総会に関する
手続の合理化や，役員に適切なインセンティブを付与するための規律の整備，
社債の管理の在り方の見直し，社外取締役を置くことの義務付けなど，企業統
治等に関する規律の見直しの要否を検討の上，当該見直しを要する場合にはそ
の要綱を示されたい」とされ，社外取締役を置くことの義務付けに限らず，企
業統治等に関する規律の見直しが求められた。

　実際の改正法において規定が改正又は新設された主な項目は以下のとおりで
ある。
・**株主総会関係**では，これまで限定的にしか認められていなかった株主総会資
　料の電子提供に関する法的整備，濫用的行使の事例が取り沙汰されている株
　主提案権や議決権行使書面等の閲覧謄写請求権の各行使制限
・**取締役の報酬関係**では，インセンティブを付与する観点からの株式等を活用
　した制度設計，透明性を高める観点からの報酬内容についての決定方針の決

定や開示に関する規律の整備

・**役員の責任関係**では，会社補償制度の導入やD&O保険の取扱いの明文化

・**社外取締役関係**では，一定の会社に対する設置の義務化やMBOなどの場面
 で期待される業務委託に関する法的整備

・**社債関係**では，社債権者保護の観点から社債管理補助者制度の創設，社債権
 者集会の合理的な運用の観点からその決議事項の整備

・新しい**組織再編メニュー**として，株式交付制度の新設

・**その他**，株式併合における事前開示，責任追及訴訟における和解，取締役等
 の欠格事由，新株予約権に関する登記事項，代表者住所の登記上の扱いなど
 の各法的整備

・なお，**コーポレートガバナンス・コード**については，平成30年6月に改訂さ
 れ，各社の対応はすでに行われているものと思われるが，今回の改正を機に
 改めて今後のガバナンスの在り方を認識，検証していただきたいとの趣旨で，
 改定の内容について解説した。

　本書では，これらの改正について，必要に応じて〈改正のポイント〉を掲げ，
改正内容を大掴みに把握したうえで，改正の経緯や詳細な手続き等が理解でき
るよう工夫した。

　いずれの改正も，実務においてはすでに対応が進んでいる分野があるものの，
実務上大きな影響があることを否定しえない。本書でも「**実務への影響**」をま
とめ，参考に供することとした。

　今回，内容面での行使制限が見送られたものの，近年特に増加及び賛成率の
上昇が指摘されている株主提案権の行使への対応などをはじめ，今般の会社法
の改正及びその検討作業によって浮き彫りになった企業統治に関する課題は少
なくない。今後も改正事項の運用状況や改正が必要な事項等については注視す
べきものと考えられる。

　なお，改正法は，開示事項その他の具体的内容を法務省令の定めに委ねてい
る条項が多いが，対応する法務省令の内容は，本書の執筆完了時点において明
らかにされていない。そこで，それらの内容は改正要綱等から，予想・想定さ
れる等出来る限りの解説に留めている点にご留意いただきたい。また，改正直
後の限られた資料に基づき，読者の便宜を図り，早期に改正内容をご提供すべ
く対応したことから，記載内容に不十分な点があり得る点も，ご海容賜りたい。

本書が，企業実務に携わる多くの方々のお役に立てれば，執筆者として望外の幸せである。

　最後に本書の出版にあたっては，企画段階から，中央経済社の露本敦氏に多大なるご尽力を頂いた。この場を借りて厚く御礼を申し上げたい。

　令和2年1月

弁護士　辺見紀男

弁護士　武井洋一

弁護士　桧田由貴

目　次

序章　令和元年会社法改正の概要 ——————————— 1

1　改正の趣旨 ……………………………………………………………… 1

2　改正の経緯 ……………………………………………………………… 1

(1)　平成26年改正法の施行・1

(2)　会社法研究会による検討・2

(3)　法制審議会会社法制（企業統治等関係）部会による検討・2

(4)　成立，公布，施行・3

3　会社法等改正の概要 ……………………………………………………… 3

(1)　株主総会資料の電子提供（第1章）・3

①　電子提供措置をとる旨の定款の定め（第1章1(2)①）・3／②　電子提供措置（第1章1(2)②）・4／③　株主総会招集通知等の特則（第1章1(2)③）・4／④　書面交付請求（第1章1(3)）・5／⑤　電子提供措置の中断（第1章1(2)②ハ(ロ)）・5

(2)　株主提案権の制限（第2章1(1)）・5

①　株主提案議案の数の制限（第2章1(1)③）・6／②　目的等による議案の提案の制限（第2章1(1)④）・6

(3)　議決権行使書面等の閲覧謄写請求の制限（第2章1(2)）・6

(4)　取締役の報酬関係（第3章）・7

①　報酬等の決定方針（第3章1(2)①）・7／②　金銭でない報酬等の定めの細分化（第3章1(2)②イ）・7／③　取締役の報酬等である株式及び新株予約権に関する特則（第3章1(2)②ロ）・7／④　情報開示の充実（第3章1(2)②ハ）・7

(5)　役員責任関係（第4章）・7

①　補償契約（第4章1(2)）・8／②　役員等賠償責任保険契約（第4章1(3)）・9

(6)　社外取締役関係（第5章）・9

①　業務執行の社外取締役への委託（第5章1(1)）・9／②　社外取締役を置くことの義務付け（第5章1(2)）・10

(7) 社債関係（第6章）・10

① 社債管理補助者制度の新設（第6章1(1)）・10／② 社債権者集会（第6章1(2)）・12

(8) 株式交付（第7章）・13

① 株式交付の内容（第7章1(1)）・13／② 株式交付子会社株式の譲渡手続（第7章1(3)）・13／③ 株式交付の効力（第7章1(4)）・14／④ 株式交付親会社の組織法上の手続（第7章1(5)）・14／⑤ 株式交付の無効の訴え（第7章1(6)）・15

(9) その他（第8章）・16

① 株式併合等の端数処理（第8章1）・16／② 責任追及訴訟の和解（第8章2）・16／③ 取締役等の欠格事由（第8章3）・16／④ 登記関係（第8章4）・17

4 コーポレートガバナンス・コード改訂の概要（第9章）………… 17

(1) 改訂の経緯（第9章1(1)）・17

(2) 改訂の概要（第9章1(2)以下）・18

① 経営環境の変化に対応した経営判断（第9章1(6)）・18／② 投資戦略・財務管理の方針（第9章1(6)）・18／③ CEOの選解任等（第9章1(4), (5)①③④⑥）・19／④ 取締役会の機能発揮等（第9章1(5)②⑤⑦）・19／⑤ 政策保有株式（第9章1(2)）・20／⑥ アセットオーナー（第9章1(3)）・21／⑦ ESG要素（第9章1(7)）・21

第1章 株主総会資料の電子提供 ——————————— 23

1 改正の内容 ……………………………………………………… 23

(1) 株主総会資料の電子提供制度とは・23

① 定義・23／② 改正の背景と趣旨・25

(2) 電子提供の方法・28

① 定款の定め・28／② 電子提供措置・29／③ 株主総会招集通知の発送・35

(3) 書面交付請求・36

① 書面交付請求とは・36／② 書面交付請求の期限・37／③ 書面交付の対象事項・37／④ 振替株式の場合における書面交付請求先・37／⑤ 書面

交付請求の失効（有効期間）・39

2 実務への影響 40

(1) 定款変更・40

(2) 施行日に関連する留意点・41

(3) 発送手続及び電子提供措置・41

(4) 書面交付請求やその失効に係る対応・42

第2章 株主提案権及び議決権行使書面の閲覧・謄写請求等 ── 43

1 改正の内容 43

(1) 株主提案権・43

① 株主提案権に関する改正内容の概要・43／② 株主提案権とは・44／③ 株主提案権の濫用的行使に関する制限─株主が提案できる議案の数・46／④ 不適切な内容の提案の制限の内容及び改正が見送られた経緯・50／⑤ その他の要件の見直しの要否についての検討経過・50

(2) 議決権行使書面の閲覧・謄写請求等・51

① 議決権行使書面の閲覧・謄写請求等に関する改正内容の概要・51／② 議決権行使書面の閲覧・謄写請求・52／③ 代理権を証する書面の閲覧・謄写請求・54

2 実務への影響・55

(1) 株主提案権・55

① 議案の数の制限について・55／② 改正が見送られた不適切な内容の議案の提案の制限について・57

(2) 議決権行使書面の閲覧・謄写請求等・59

① 会社が適否を判断する手続・59／② 議決権行使書面の閲覧・謄写手続・59

第3章 取締役の報酬関係 ───────────────── 61

1 改正の内容 61

(1) 旧法における論点と指摘・61

IV

(2) 改正の視点と改正点の概観・62

① 取締役の報酬等の決定方針・62／② 株式や新株予約権を活用した報酬制度・64

2 実務への影響 ………………………………………………………… 70

第4章 役員責任関係 ——————————— 71

1 改正の内容 ………………………………………………………… 71

(1) 背景・71

(2) 会社補償・72

① 会社補償とは・72／② 会社補償制度の会社法上の明文化・72／③ 改正の概要・73

(3) 役員等賠償責任保険（D&O保険）・77

① D&O保険とは・77／② 現状と問題点・77／③ 改正内容・77／④ D&O保険によって塡補される損害の範囲・80

2 実務への影響 ………………………………………………………… 81

(1) 会社補償とD&O保険の関係・81

(2) D&O保険の見直し・82

(3) 事業報告への記載・83

(4) 経過措置・83

第5章 社外取締役関係—社外取締役の活用，設置義務等 —— 85

1 改正の内容 ………………………………………………………… 85

(1) 業務執行の社外取締役への委託・85

① 改正の背景・85／② 社外取締役の要件との関係・88／③ 改正の趣旨・89／④ 業務執行の社外取締役への委託の要件・90／⑤ 社外取締役への業務執行の委託の手続・92

(2) 社外取締役を置くことの義務付け・93

① 改正の経緯・93／② 改正の背景・趣旨・94／③ 社外取締役の設置義務化に至る議論・96／④ 社外取締役の設置義務化へ・97／⑤ 対象となる

目　次　V

会社・97

2　実務への影響 ··· 97

(1)　業務執行の社外取締役への委託・97

①　社外取締役活用のさらなる広がり・97／②　委託の要件及び手続・98

(2)　社外取締役を置くことの義務付け・98

①　社外取締役の選任・98／②　社外取締役の欠員への事前の対応・98／③　社外取締役の欠員への事後の対応・99

第6章　社債関係 ────────── 101

1　改正の内容 ··· 101

(1)　社債管理補助者・101

①　改正の趣旨と概要・101／②　社債管理者と社債管理補助者の相違・102／③　社債管理補助者制度の概要・103

(2)　社債権者集会・112

①　元利金の減免・112／②　社債権者集会の決議の省略・113

2　実務への影響 ··· 114

(1)　社債管理補助者制度・114

(2)　社債権者集会・114

①　元利金の減免・114／②　社債権者集会の決議の省略・115

第7章　株式交付 ────────── 117

1　改正の内容 ··· 117

(1)　株式交付の内容・117

①　改正法の条文・117／②　株式交付制度創設の背景・118／③　株式交付制度の特徴・119／④　株式交付制度の限界・120

(2)　株式交付計画（改正法774条の3）・122

①　株式交付子会社の商号及び住所・122／②　譲り受ける株式交付子会社の株式数の下限・122／③　対価として交付する株式交付親会社株式の数又

VI

はその数の算定方法，資本金及び準備金の額に関する事項・123／④　株式
交付親会社の株式の割当てに関する事項・123／⑤　対価として金銭等を交
付する場合における具体的内容，割当てに関する事項・123／⑥　株式交付
子会社の新株予約権等を譲り受ける場合の定め・124／⑦　申込期日・124／
⑧　効力発生日・124

(3)　株式交付子会社の株式の譲渡等・125

① 申込みをしようとする者への通知・125／②　申込みをする者の株式交
付親会社に対する通知・126／③　割当ての決定・126／④　割当数の通知・
127／⑤　総数譲受けの場合の適用除外・127／⑥　譲渡人による給付・128
／⑦　申込総数が下限に満たない場合・129／⑧　通知事項の変更の通知・
130／⑨　通知又は催告の発送及び到達・130／⑩　意思表示の瑕疵の規定の
適用の制限・130／⑪　株式交付子会社の新株予約権等も譲り渡す場合・131

(4)　株式交付の効力の発生・131

① 効力発生の効果・131／②　効力が発生しない場合・132

(5)　株式交付親会社の組織法上の手続・133

① 概要・133／②　事前開示手続・136／③　株主総会の決議による承認・
136／④　株式交付の差止め・137／⑤　反対株主の株式買取請求・137／⑥
債権者異議手続・137／⑦　効力発生日の変更・138／⑧　事後開示手続・
138

(6)　株式交付無効の訴え・138

2　実務への影響 ·· 139

第8章　その他の改正事項 ─────────── 143

1　株式併合等における事前開示 ································· 143

(1)　改正の内容・143

① 端数処理に係る事前開示・143／②　改正の趣旨・143

(2)　実務への影響・144

① 作業量の負担・144／②　責任追及訴訟に関する留意点・144

2　責任追及訴訟の和解 ··· 145

(1)　改正の内容・145

① 監査役等の同意・145／②　改正の趣旨・146

目　次　VII

(2)　実務への影響・146

①　会社の代表・146／②　利益相反・147

3　取締役等の欠格事由 ……………………………………………………… 148

(1)　改正の内容・148

①　成年被後見人等の取締役等への就任・148／②　改正の趣旨，経緯・149

(2)　実務への影響・150

①　委任の終了事由・150／②　成年後見人の判断による取締役等の辞任・150

4　登記関係 ………………………………………………………………… 151

(1)　新株予約権・151

①　改正の内容・151／②　実務への影響・152

(2)　代表者の住所記載の登記事項証明書・152

①　改正の内容・152／②　実務への影響・154

(3)　支店登記・155

①　改正の内容・155／②　実務への影響・155

第9章　コーポレートガバナンス・コードの改訂 ──────── 157

1　改訂の内容 ……………………………………………………………… 157

(1)　改訂の経緯等・157

①　コーポレートガバナンス・コードの概要・157／②　今回の改訂の経緯・160

(2)　政策保有株式について・163

①　原則1－4・163／②　補充原則1－4①新設・164／③　補充原則1－4②新設・164

(3)　アセットオーナーについて・165

原則2－6（新設）・165

(4)　情報開示の充実について・166

①　原則3－1・166／②　補充原則3－1①・167

(5)　取締役会等の責務について・167

①　補充原則4－1③・167／②　補充原則4－2①・167／③　補充原則4

－ 3②（新設）・168／④　補充原則 4 － 3③（新設）・169／⑤　原則 4 －
8・169／⑥　補充原則 4 －10①・170／⑦　原則 4 －11・170

(6)　株主との対話について・171

原則 5 － 2・171

(7)　ESG要素に関する情報について・172

①　改訂内容・172／②　経緯・173

2　実務への影響 ……………………………………………………………… 173

(1)　政策保有株式について・174

①　原則 1 － 4 について・174／②　補充原則 1 － 4①について・178／③
補充原則 1 － 4②について・178

(2)　アセットオーナーについて・179

(3)　情報開示の充実について・180

①　原則 3 － 1 について・180／②　補充原則 3 － 1①について・182

(4)　取締役会等の責務について・182

①　補充原則 4 － 1③について・182／②　補充原則 4 － 2①について・183
／③　補充原則 4 － 3②について・184／④　補充原則 4 － 3③について・
184／⑤　原則 4 － 8 について・184／⑥　補充原則 4 －10①について・185
／⑦　原則 4 －11について・186

(5)　株主との対話について・187

原則 5 － 2 について・187

(6)　ESG要素に関する情報について・188

・法令名等略語・

会社：会社法
　改正法：令和元年改正後の会社法
　整備法：会社法の一部を改正する法律の施行に伴う関係法律の整備等に関する法
　　　　　律（令和元年法律第71号）
改正前会社法：令和元年改正前の会社法
会施令：会社法施行令
会施規：会社法施行規則
会計規：会社計算規則

＊　＊

金商：金融商品取引法
振替：社債，株式等の振替に関する法律（振替法）
　改正振替法：令和元年改正後の振替法
民：民法

＊　＊

要綱：会社法制（企業統治等関係）の見直しに関する要綱
部会資料：法制審議会 – 会社法制（企業統治等関係）部会資料

序章

令和元年会社法改正の概要

1 改正の趣旨

　今回の会社法改正は，2015年5月1日に施行された平成26年改正法が，附則（平成26年6月27日法律第90号）第25条において，社会経済情勢の変化等を勘案し，企業統治に係る制度の在り方について検討を加え，所要の措置を講ずべき旨定めたことに基づくものである。同附則を受けた法務大臣の法制審議会に対する2017年2月9日付け諮問第104号も，近年における社会経済情勢の変化等に鑑み，企業統治等に関する規律の見直しの要否を検討するものとしている。

　平成26年改正法附則は，具体的な検討対象として，社外取締役を置くことの義務付けのみ挙げるが，上記諮問第104号は，これに加え，株主総会に関する手続の合理化，役員に適切なインセンティブを付与するための規律の整備，及び社債の管理の在り方の見直しを挙げる。

2 改正の経緯

　今回の会社法改正は，その改正に至るまで，次のような経緯を辿っている。

(1) 平成26年改正法の施行

　2015年5月1日，平成26年改正法が施行された。平成26年改正法では，附則

（平成26年6月27日法律第90号）第25条において，施行後2年を経過した場合に，社外取締役の選任状況その他の社会経済情勢の変化等を勘案し，企業統治に係る制度の在り方について検討を加え，必要があると認めるときは，社外取締役を置くことの義務付け等所要の措置を講ずるものとされた。

⑵　会社法研究会による検討

2016年1月13日，神田秀樹教授（学習院大学）を座長とする会社法研究会が公益社団法人商事法務研究会に設置された。会社法研究会は，平成26年改正法附則を踏まえて会社法の企業統治に関する問題点を整理する等し，2017年3月2日，株主総会資料の電子提供や株主提案権の濫用的行使の制限等を内容とする「会社法研究会報告書」を取りまとめ，公表した。

⑶　法制審議会会社法制（企業統治等関係）部会による検討

会社法研究会の報告書完成に先立ち，2017年2月9日に法制審議会第178回会議において，法務大臣が法制審議会に対し，「近年における社会経済情勢の変化等に鑑み，株主総会に関する手続の合理化や，役員に適切なインセンティブを付与するための規律の整備，社債の管理の在り方の見直し，社外取締役を置くことの義務付けなど，企業統治等に関する規律の見直しの要否を検討の上，当該規律の見直しを要する場合にはその要綱を示されたい。」との諮問（諮問第104号）を行った。

これを受け，神田教授を部会長とする会社法制（企業統治等関係）部会が新設され，同部会に付託された審議が2017年4月26日に開始された。

同部会は，2018年2月14日に「会社法制（企業統治等関係）の見直しに関する中間試案」を取りまとめ，パブリックコメントの手続に付し，さらに当該パブリックコメント時に提出された意見等を踏まえて検討を行い，2019年1月16日，「会社法制の見直しに関する要綱」を決定した。

また，同部会は，同日，電子提供措置の開始時期の早期化につき，金融商品取引所規則で対応する旨，及び代表者の住所を一定の場合に登記事項証明書に記載せずかつ登記情報提供サービスで提供しないことにつき，法務省令で対応する旨の附帯決議も行った。

以上の結果，同年2月14日には，法制審議会第183回会議において前述の要綱案及び附帯決議が原案どおり採択され，法務大臣に答申された。

(4) 成立，公布，施行

　2019年10月18日，閣議決定を経て改正法案が第200回国会（臨時会）に提出された。2019年11月26日，衆議院本会議で可決されて参議院に送付され，同年12月4日，参議院本会議で可決されて成立し，同月11日，改正法が公布された。
　改正法の施行日は，公布日から3年6カ月以内に施行とされる株主総会資料の電子提供及び会社の支店登記の廃止を除き，公布日から1年6カ月以内とされている（改正法附則1条）。

3　会社法等改正の概要

　上記2の経緯を踏まえ，会社法等は概要次のように改正するとされた（以下，見出しの括弧書で，本書での解説箇所を示す）。

(1) 株主総会資料の電子提供（第1章）

① 電子提供措置をとる旨の定款の定め（第1章1(2)①）

　今回の改正の趣旨において採り上げられた株主総会手続の合理化の一方策として，電磁的方法の利用促進が挙げられる。これによって，印刷や郵送による時間・費用等が削減されることはもちろん，株主に対し，より早期に充実した内容の資料を提供し，検討期間をより長く付与することに繋がるからである。
　しかしながら，会社法299条3項は，電磁的方法の利用に関し，書面投票若しくは電子投票を採用する株式会社又は取締役会設置会社が書面に代えて電磁的方法により株主総会招集通知を発送するには，株主の承諾を得なければならないとする。
　そこで，改正法325条の2は，株式会社が，(ⅰ)株主総会参考書類，(ⅱ)議決権行使書面，(ⅲ)計算書類及び事業報告（会社437条），(ⅳ)連結計算書類（会社444条6項）（以下，(ⅰ)ないし(ⅳ)を「株主総会参考書類等」という）の内容を自社のウェブサイトに掲載し，株主に対し通知した場合には，株主の承諾を得ずとも，株主に対し株主総会参考書類等を適法に提供したものとするという電子提供措置をとる旨を定款で定めることを可能にした。

特に，振替株式（振替128条1項）発行会社は，電子提供措置をとる旨を定款で定めることが義務付けられる一方で（改正振替法159条の2第1項），改正法施行時に現に振替株式を発行している会社は，施行日を効力発生日として，電子提供措置をとる旨の定款変更の決議をしたものとみなされる（整備法10条2項）。

また，定款で電子提供措置をとる旨を定める場合，これを登記する必要がある（改正法911条3項12号の2，会社915条1項）。

② 電子提供措置（第1章1(2)②）

電子提供措置をとる場合には，取締役は，株主総会開催日の3週間前の日又は株主総会招集通知発送日のいずれか早い日（以下，「電子提供措置開始日」という）から，株主総会開催日後3カ月を経過する日までの間（以下，「電子提供措置期間」という），一定の情報（以下，「電子提供措置事項」という）について継続して電子提供措置をとらなければならない（改正法325条の3第1項）。

ただし，金融商品取引法24条1項により有価証券報告書を提出しなければならない株式会社が，電子提供措置開始日までに，定時株主総会に係る電子提供措置事項（議決権行使書面の記載事項を除く）を記載した有価証券報告書（添付書類及び訂正報告書を含む）の提出手続をEDINET（金商27条の30の2）で行う場合には，当該情報に係る電子提供措置は不要である（改正法325条の3第3項）。

③ 株主総会招集通知等の特則（第1章1(2)③）

電子提供措置をとる場合であっても，株主総会招集通知は株主総会開催日の2週間前までに発送しなければならないが（会社299条1項，改正法325条の4第1項），その際，株主総会参考書類等の交付又は提供は必要ない（改正法325条の4第3項）。もっとも，この場合，書面投票制度又は電子投票制度を採用する株主総会招集通知において，会社法298条1項1号ないし4号のほか，(i)電子提供措置をとっている旨，(ii)有価証券報告書提出手続をEDINETを使用して行った旨，(iii)その他法務省令で定める事項を記載又は記録しなければならない（改正法325条の4第2項）。

なお，株主提案の場合も，提案議案の要領について通知（会社305条1項）ではなく，電子提供措置の実施を請求できる（改正法325条の4第4項）。

④ 書面交付請求（第1章1⑶）

　株主は，電子提供措置をとる旨の定款の定めがある場合であっても，原則として，株式会社に対し，電子提供措置事項を記載した書面の交付を請求（以下，「書面交付請求」という）できる（改正法325条の5第1項）。なお，株主総会に関する基準日（改正法124条1項）を定めたときは，株主は，当該基準日までに書面交付請求をしなければならない（改正法325条の5第2項）。

　書面交付請求を受けた取締役は，株主総会招集通知に際し，当該株主に対して，原則として，電子提供措置事項全部を記載した書面を交付しなければならない（改正法325条の5第2項・3項）。

　他方で，書面交付請求は，株主総会資料の電子提供制度と相反する面もあるため，株式会社は，一定の条件の下で，書面交付を終了させることができる。すなわち，同請求の日から1年を経過したときは，株式会社は，書面交付請求をした株主に対し，書面交付を終了する旨通知するとともに，終了に異議ある場合は1カ月以上の催告期間内に異議を述べるべき旨催告することができる（改正法325条の5第4項）。かかる通知及び催告を受けた株主が行った書面交付請求は，催告期間経過時に効力を失う（改正法325条の5第5項）。

　株主が書面交付請求を継続しようと思えば，催告期間内に異議を述べなければならない（改正法325条の5第5項但書）。他方で，株式会社は，株主が当該異議を述べた日から1年を経過したときに，改めて上記通知・催告を行うことができる（改正法325条の5第4項）。

⑤ 電子提供措置の中断（第1章1⑵②ハ㈼）

　電子提供措置期間中に電子提供措置の中断（情報の改変を含む。）が生じた場合，有効な電子提供がなされなかったとされる可能性がある。もっとも，中断期間の合計が電子提供措置期間の10分の1以下であること（改正法325条の6第2号）などの要件（改正法325条の6各号）を満たせば，電子提供措置の中断は，その効力に影響を及ぼさない（改正法325条の6）。

⑵ 株主提案権の制限（第2章1⑴）

　特異な数や内容の株主提案権の行使がなされ，株主総会の運営に混乱が生じた事案が生じたことを踏まえ，株主提案権の濫用を防止するため，次の各点が改正案として提案された。このうち②については，会社が恣意的に拒否できる

のではないかといった疑問の声が上がり，衆議院本会議の段階で改正が見送られることとなった。

① 株主提案議案の数の制限（第2章1(1)③）

　取締役会設置会社の株主が株主提案議案の要領の通知請求（会社305条1項）をする場合において，株主提案議案の数が10を超えるときは，10を超える議案については通知請求の対象外とすることによってその数の制限がなされる（改正法305条4項）。10を超える議案をどの議案とするかについては，提案株主が議案の優先順位を定めている場合を除き，取締役が定める（改正法305条5項）。

　この場合，問題は，株主提案議案の算定基準であるが，通常の議案の算定と異なるのは，役員等の選解任議案（改正法305条4項1号・2号），定款変更議案（改正法305条4項4号）である。

② 目的等による議案の提案の制限（第2章1(1)④）

　株主提案権の行使は，一定の不当な目的を有し（改正法案304条2号・305条6項2号），又は，株主総会の運営が著しく妨げられるおそれ等がある場合（改正法案304条3号・305条6項3号）などにも，議案提案権の行使又は株主提案議案の要領の通知請求ができないものとして制限される（改正法案304条・305条6項）。

(3) 議決権行使書面等の閲覧謄写請求の制限（第2章1(2)）

　これまで，議決権行使書面等の閲覧謄写請求は，株主名簿などとは異なり（会社125条2項・3項），その理由を明らかにする必要がなく，会社側からの拒絶事由も定められていなかった（改正前会社311条4項・312条5項・310条7項）。しかしながら，これらの閲覧謄写請求についても，株主名簿（会社121条1号）と同様，濫用を防止する必要性は否定できない。

　そこで，改正法は，議決権行使書面等の閲覧謄写請求をする場合には，請求の理由を明らかにしなければならず（改正法311条4項後段・312条5項後段・310条7項後段），株式会社は，請求した株主が一定の事項に該当する場合には請求を拒絶できることとした（改正法311条5項・312条6項・310条8項）。

⑷　取締役の報酬関係（第3章）

　取締役の報酬等につき，取締役会によるいわゆるお手盛りを防止しつつ，取締役に対して職務執行を適切に行うインセンティブを付与する観点から，次のような改正がなされることとなった。

①　報酬等の決定方針（第3章1⑵①）
　金融商品取引法24条1項により有価証券報告書を提出しなければならない監査役会設置会社（公開会社かつ大会社に限る）及び監査等委員会設置会社は，取締役個人別の報酬等の内容が定款又は株主総会の決議により定められている場合を除き，取締役会において，取締役（監査等委員である取締役を除く）の個人別の報酬等の決定方針を決めなければならない（改正法361条7項）。

②　金銭でない報酬等の定めの細分化（第3章1⑵②イ）
　株式等を利用した報酬が普及・拡大しつつある状況を踏まえ，改正前会社法361条1項3号及び409条3項3号（報酬等のうち金銭でないものにおける具体的内容）について，その内容をより細分化して定めることとなった（改正法361条1項3号ないし6号・409条3項3号ないし6号）。

③　取締役の報酬等である株式及び新株予約権に関する特則（第3章1⑵②ロ）
　上記②と併せ，上場会社で報酬等として株式や新株予約権を発行する場合について，その特殊性から，株式等の発行の際に定めるべき事項のうち，一定事項は定める必要がないものとされた（改正法202条の2・236条3項・4項）。また，その際に，資本金又は準備金として計上すべき額については，法務省令で定めることとされた（改正法445条6項）。

④　情報開示の充実（第3章1⑵②ハ）
　役員の報酬等に関して，公開会社では，法務省令の改正時に，事業報告による情報開示の充実が図られる予定である（要綱第2部第1・1⑷）。

⑸　役員責任関係（第4章）

　役員等が萎縮することなく経営判断等できるよう，会社補償及び役員等賠償

責任保険について明文化された。

① 補償契約（第4章1(2)）

イ 補償契約の内容決定手続（第4章1(2)③ハ）

　株式会社が，役員等（改正法423条1項）との間で，役員等が会社又は第三者から責任追及された場合に負担することになる一定範囲の費用等の全部又は一部を補償することを約する契約（以下，「補償契約」という）を締結する場合，その内容を決定するには，株主総会（取締役会設置会社の場合，取締役会）の決議によらなければならない（改正法430条の2第1項）。

ロ 補償金額の返還（第4章1(2)③ロ(イ)）

　補償契約が締結されても，当該役員等が自己若しくは第三者の不正な利益を図り又は会社に損害を加える目的で職務を執行したことを知ったときは，株式会社は，当該役員等に対し補償金額の返還を請求することができる（改正法430条の2第3項）。

ハ 取締役会における重要な事実の報告（第4章1(2)③ニ）

　取締役会設置会社では，補償を実行した又は受けた取締役・執行役は，遅滞なく，当該補償についての重要な事実を取締役会に報告しなければならない（改正法430条の2第4項・第5項）。

ニ 適用除外（第4章1(2)③ホ）

　株式会社と取締役又は執行役との間の補償契約について，以下の規定は適用されない（改正法430条の2第6項・第7項）。

　① 競業及び利益相反取引の制限（会社356条1項・365条第2項。これらを会社419条2項において準用する場合を含む）

　② 対会社責任における任務懈怠の推定（会社423条3項）

　③ 取締役又は執行役の帰責事由なく任務懈怠が生じた場合における，自己取引に係る対会社責任の非免責（会社428条1項）

　④ 自己契約及び双方代理の規定（民108条）

ホ 事業報告（第4章1(2)③ヘ）

　役員等と補償契約を締結しているときは，一定の場合に，補償契約の概要等について事業報告の内容に含めるべきことが，法務省令の改正時に予定されている（要綱第2部第1・2（注））。

② 役員等賠償責任保険契約（第4章1⑶）

イ 役員等賠償責任保険契約の内容決定（第4章1⑶③ロ）

　役員等賠償責任保険契約の内容を決定するには，株主総会（取締役会設置会社の場合，取締役会）の決議によらなければならない（改正法430条の3第1項）。

ロ 適用除外（第4章1⑶③ハ）

　取締役又は執行役を被保険者とする保険契約の締結について，以下の規定は適用されない（改正法430条の3第2項・3項）。

　　① 競業及び利益相反取引の制限（会社356条1項・365条2項。これらを会社419条2項において準用する場合を含む）

　　② 会社に対する責任における任務懈怠の推定（会社423条3項）

　　③ 自己契約及び双方代理の規定（民108条）。ただし，役員等賠償責任保険契約の場合，前述イに基づき内容が決定されたものに限る。

ハ 事業報告（第4章1⑶③ニ）

　役員等賠償責任保険契約を締結している場合は，被保険者及び内容の概要（当該役員の職務の適正性が損なわれないようにするための措置を講じているときは，その措置の内容を含む）を事業報告の内容に含めるべきことが，法務省令改正時に予定されている（要綱第2部第1・3（注））。

⑹ 社外取締役関係（第5章）

　社外取締役の活用をさらに推進するべく，次のような改正がなされることとなった。

① 業務執行の社外取締役への委託（第5章1⑴）

　指名委員会等設置会社を除く株式会社が社外取締役を置いている場合，一定の要件を満たせば，株式会社は，都度，取締役の決定（取締役会設置会社の場合，取締役会の決議）によって，社外取締役に業務執行を委託することができる（改正法348条の2第1項）。当該委託による業務の執行は，原則として，業務の執行（会社2条15号イ）に該当しない（改正法348条の2第3項）。

　指名委員会等設置会社についても，一定の場合に，同様の規律を設ける（改正法348条の2第2項・3項）。

② 社外取締役を置くことの義務付け（第5章1(2)）

金融商品取引法24条1項により有価証券報告書を提出しなければならない監査役会設置会社（公開会社かつ大会社に限る）は、社外取締役を置かなければならない（改正法327条の2）。

(7) 社債関係（第6章）

① 社債管理補助者制度の新設（第6章1(1)）

イ 社債管理補助者の設置（第6章1(1)③イ）

各社債の金額が1億円以上である場合その他社債権者の保護に欠けるおそれがないものとして法務省令で定める場合は、社債管理者を定める必要がない（会社702条但書）。これにより、社債管理者確保の困難性や社債管理者設置によるコストを回避することができる。その反面、社債管理者を設置しない場合であっても、社債管理に関する最低限の事務を委託したいというニーズが増えてきた。

そこで、当該社債が担保付社債のときを除き、会社は、社債管理補助者を定めて、社債権者のために社債管理の補助を委託することができることとなった（改正法714条の2）。

ロ 社債管理補助者の資格（第6章1(1)③ロ）

社債管理補助者は、社債管理者となるべき資格を有する者（会社703条各号）その他法務省令で定める者でなければならない（改正法714条の3）。

ハ 社債管理補助者の義務（第6章1(1)③ハ）

社債管理補助者は、社債権者のため、善良な管理者の注意をもって公平かつ誠実に社債管理の補助を行わなければならない（改正法714条の7、会社704条）。

ニ 社債管理補助者の権限等（第6章1(1)③ニ）

社債管理補助者は、社債権者のために、破産手続、民事再生手続又は会社更生手続などへの参加や強制執行又は担保権の実行の手続における配当要求などの権限を有する（改正法714条の4第1項・2項）。

ただし、社債管理補助者は、一定の行為については、社債権者集会の決議なく行ってはならず（改正法714条の4第3項）、また、その場合の社債権者集会で可決要件についても厳格な条件を満たす必要がある場合がある（改正法724条2項2号）

また、社債管理補助者は、前述イの委託契約に従い、社債の管理に関する事

項について，社債権者に報告し又は社債権者が知ることができるようにする措置をとらなければならない（改正法714条の4第4項）。

ホ　特別代理人の選任（第6章1(1)③ホ）

　社債権者と社債管理補助者との利益が相反する場合で，社債権者のために裁判上又は裁判外の行為をする必要があるときは，裁判所は，社債権者集会の申立てにより特別代理人を選任しなければならない（改正法714条の7，会社707条）。

ヘ　個別の社債権者の非表示（第6章1(1)③ヘ）

　社債管理補助者（又はホの特別代理人）が社債権者のために裁判上又は裁判外の行為をするときにおいて，個別の社債権者の表示は不要である（改正法714条の7，会社708条）。

ト　2以上の社債管理補助者がある場合の特則（第6章1(1)③ト）

　2以上の社債管理補助者がある場合，社債管理補助者は，各自その権限に属する行為をしなければならない（改正法714条の5第1項）。また，2以上の社債管理補助者が社債権者に対して損害賠償責任を負う場合，これらの社債管理補助者は連帯債務者となる（改正法714条の5第2項）。

チ　社債管理補助者の責任（第6章1(1)③チ）

　社債管理補助者は，改正法又は社債権者集会の決議に違反する行為をしたとき，これにより損害を被った社債権者に対し賠償責任を負う（改正法714条の7，会社710条1項）。

リ　社債管理者等との関係（第6章1(1)③リ）

　会社と社債管理者間に委託契約（会社702条本文）又は信託会社との間に信託契約（担保付社債信託法2条1項）の効力が生じた場合，社債管理補助者に関する委託契約は終了する（改正法714条の6）。

ヌ　社債管理補助者の辞任（第6章1(1)③ヌ(イ)）

　社債管理補助者は，あらかじめ事務を承継する社債管理補助者を定めた上で，会社及び社債権者集会の同意を得た場合など，一定の要件を満たすことによって辞任することができる（改正法714条の7，会社711条）。

ル　社債管理補助者の解任（第6章1(1)③ヌ(ロ)）

　裁判所は，社債管理補助者が義務に違反したとき，事務処理に不適任であるとき，その他正当な理由があるときは，会社又は社債権者集会の申立てにより社債管理補助者を解任できる（改正法714条の7，会社713条）。

ヲ　社債管理補助者の事務の承継（第6章1(1)③ヌ(ハ)）

　社債管理補助者が解任された場合などでは，会社は，事務を承継する社債管理補助者を定め，社債権者のために社債管理の補助を委託しなければならない（改正法714条の7，会社714条1項前段）。この場合，会社は，社債権者集会を招集してその同意を得るか，又は同意に代わる裁判所の許可の申立てをしなければならない（改正法714条の7，会社714条1項後段）。

ワ　社債権者集会（第6章1(1)③ル）

　社債権者による請求があった場合などには，社債管理補助者は，社債権者集会を招集することができる（改正法717条3項）。社債管理補助者の権限に属する行為を可決する旨の社債権者集会の決議があったときは，別に執行者を定めない限り，社債管理補助者が執行する（改正法737条1項2号）。

　その他，社債権者集会の手続等について，社債管理補助者を社債管理者と同様の取扱いとするよう整備がなされている（改正法720条1項・729条1項・731条3項・740条3項・741条）。

カ　募集事項（第6章1(1)③ヲ）

　社債の募集事項（改正法676条）に，(i)社債管理者を定めない旨（改正法676条7号の2），(ii)社債管理補助者を定める旨（改正法676条8号の2）が含まれることとなった。また，前述イの委託に係る契約に関する事項も，社債の募集事項に含まれることが，法務省令の改正時に予定されている（要綱第3部第1・1(14)（注1））。

②　社債権者集会（第6章1(2)）

イ　元利金の減免（第6章1(2)①）

　社債管理者が社債権者集会の決議なく行ってはならない行為に，社債の全部についてする債務の免除が追加された（改正法706条1項1号）。

ロ　社債権者集会の決議の省略（第6章1(2)②）

　社債権者集会の目的たる事項について提案がなされた場合で，当該提案につき議決権者の全員が書面又は電磁的記録により同意の意思表示をしたときは，当該提案を可決する旨の社債権者集会の決議があったものとみなされる（改正法735条の2第1項）。この場合，社債権者集会の決議の認可に関する会社法732条ないし735条（社債権者集会の決議は全社債権者に効力が及ぶ旨を定めた734条2項を除く）の規定は適用されない（改正法735条の2第4項）。

⑻ 株式交付（第7章）

① 株式交付の内容（第7章1⑴）

　株式会社が，その株式を対価として他の株式会社を買収しつつ，完全子会社にすることまでは望まない場合，株式交換手続を用いることができない。この場合，改正前会社法では，募集株式の発行手続を利用して他社株式を現物出資財産として取り扱う必要があるが，原則として検査役の選任・調査が必要となること（会社207条），買収会社の取締役等が財産価額塡補責任を負う可能性もあること（会社213条）などから，負担が大きいと指摘されていた。

　そこで，改正法は，株式会社（以下，「株式交付親会社」という）は，他の株式会社（以下，「株式交付子会社」という）を子会社とするため，一定の事項を定めた株式交付計画（改正法774条の3）を作成の上（改正法774条の2），株式交付子会社の株主から同社の株式を譲り受け，その対価として株式交付親会社株式を交付すること（改正法2条32号の2）ができることとした。

② 株式交付子会社株式の譲渡手続（第7章1⑶）

イ　申込みをしようとする者に対する通知（第7章1⑶①）

　株式交付親会社は，一定の場合を除き，株式交付子会社株式の譲渡の申込みをしようとする者（申込者）に対し，株式交付親会社の商号，株式交付計画の内容等を通知しなければならない（改正法774条の4第1項）。

ロ　申込み（第7章1⑶②）

　申込者は，譲渡申込期日までに株式交付親会社に対し，申込者の氏名又は名称及び住所，譲り渡そうとする株式交付子会社株式の数（種類株式発行会社の場合は，株式の種類及び種類ごとの数）について記載した書面を交付し（改正法774条の4第2項）又は株式交付親会社の承諾を得て電磁的方法により提供しなければならない（改正法774条の4第3項）。

ハ　譲受人及び株式数の決定（第7章1⑶③）

　株式交付親会社は，申込者の中から株式を譲り受ける者及び対象となる株式交付子会社株式の数（種類株式発行会社の場合は，株式の種類ごとの数）を定めなければならない（改正法774条の5第1項）。

ニ　申込者に対する通知（第7章1⑶④）

　株式交付親会社は，効力発生日の前日までに，申込者に対し，前述ハで定め

た株式数を通知しなければならない（改正法774条の5第2項）。

ホ　株式交付子会社株式の譲渡と給付（第7章1(3)⑥）

　申込者は，前述ニにより通知された数（譲受総数の譲渡を約した者は，当該総数）の株式について譲渡人となり（改正法774条の7第1項），効力発生日に，その数の株式交付子会社株式を株式交付親会社に給付しなければならない（改正法774条の7第2項）。

ヘ　申込み株式総数が下限に満たない場合（第7章1(3)⑦）

　譲渡申込期日において申込者が譲渡の申込みをした株式総数が株式交付計画で定めた下限に満たない場合，前述ハないしホは適用されず（改正法774条の10前段），株式交付親会社は，申込者に対し遅滞なく株式交付をしない旨通知しなければならない（改正法774条の10後段）。

③　株式交付の効力（第7章1(4)）

　株式交付親会社は，効力発生日に，前述②ホによる給付を受けた株式交付子会社株式を譲り受け（改正法774条の11第1項），譲渡人は，その対価として取得した株式交付親会社株式の株主（株式交付計画に定めがある場合は，社債権者や新株予約権者）になる（改正法774条の11第2項ないし第4項）。

　ただし，一定の場合には，この効力は発生しない（改正法774条の11第5項）。この場合，株式交付親会社は，申込者及び譲受総数の譲渡を約した者に対し遅滞なく株式交付をしない旨を通知するとともに（改正法774条の11第6項前段），給付を受けた株式交付子会社株式があるときは，遅滞なく譲渡人に返還しなければならない（改正法774条の11第6項後段）。

④　株式交付親会社の組織法上の手続（第7章1(5)）

イ　事前開示書類の備置き（第7章1(5)②）

　株式交付親会社は，株式交付計画備置開始日から効力発生日後6カ月を経過する日までの間，株式交付計画の内容その他法務省令で定める事項を記載又は記録した書面又は電磁的記録を本店に備え置かなければならない（改正法816条の2第1項）。

ロ　株主総会特別決議（第7章1(5)③）

　株式交付親会社は，効力発生日の前日までに，株主総会の特別決議により株式交付計画の承認を受けなければならない（改正法816条の3第1項，会社309条

２項12号）。株式交付親会社が譲渡人に対して交付する金銭等（株式交付親会社の株式等を除く）の帳簿価額が株式交付子会社の株式及び新株予約権等の額を超える場合，取締役は，株主総会において，その旨を説明しなければならない（改正法816条の３第２項）。

ただし，簡易株式交付（改正法816条の４第１項本文）の場合は，一定の場合を除き，株主総会特別決議は不要である（改正法816条の４）。

ハ　株主の差止請求（第７章１(5)④）

株式交付親会社の株主は，株式交付が法令又は定款に違反する場合で，自らが不利益を受けるおそれがあるときは，株式交付親会社に対し，株式交付をやめることを請求することができる（改正法816条の５本文）。ただし，株主総会特別決議が不要の場合は，差止請求ができない（改正法816条の５但書）。

ニ　反対株主の株式買取請求（第７章１(5)⑤）

一定の要件を満たす反対株主は，株主総会特別決議が不要の場合を除き，株式交付親会社に対し，自己の有する株式を公正な価格で買い取ることを請求することができる（改正法816条の６）。

ホ　債権者異議手続（第７章１(5)⑥）

株式交付親会社の債権者は，一定の場合に，株式交付親会社に対し，株式交付について異議を述べることができる（改正法816条の８第１項）。

ヘ　効力発生日及び譲渡申込期日の変更（第７章１(5)⑦）

株式交付親会社は，株式交付計画で定めた効力発生日から３カ月の範囲内で（改正法816条の９第２項）効力発生日を変更し（改正法816条の９第１項），併せて株式交付子会社株式の譲渡申込期日を変更することができる（改正法816条の９第５項）。この場合，株式交付親会社は，変更後の効力発生日と譲渡申込期日を公告しなければならない（改正法816条の９第３項・６項）。

ト　事後開示書類の備置き（第７章１(5)⑧）

株式交付親会社は，効力発生日後遅滞なく，譲り受けた株式交付子会社株式の数その他の事項を記載又は記録した書面又は電磁的記録を作成し（改正法816条の10第１項），効力発生日から６カ月間本店に備え置かなければならない（改正法816条の10第２項）。

⑤　株式交付の無効の訴え（第７章１(6)）

株式交付の無効は，効力発生日から６カ月以内に訴えをもってのみ主張でき

る（改正法828条1項13号）。提訴権者は，効力発生日に株式交付親会社の株主
等（会社828条2項1号参照）であった者，譲渡人，株式交付親会社の株主等，
破産管財人又は株式交付について承認をしなかった債権者に限られる（改正法
828条2項13号）。他方，被告は株式交付親会社のみである（改正法834条12号の
2）。

(9)　その他（第8章）

①　株式併合等の端数処理（第8章1）

　情報開示を充実させるべく，全部取得条項付種類株式の取得（会社171条の2
第1項）又は株式の併合（会社182条の2第1項）の場合の開示において，端数
の処理（改正法234条，会社235条）の方法に関する事項の充実が図られることが，
法務省令改正時に予定されている（要綱第3部第3・3）。

②　責任追及訴訟の和解（第8章2）

　取締役等に対する責任追及訴訟において，株式会社が取締役等を補助するた
め参加する場合等に各監査役，各監査等委員又は各監査委員の同意を得なけれ
ばならないこと（会社849条3項・425条3項・426条2項参照）との平仄を図るべ
く，取締役等に対する責任追及訴訟において会社が和解をするには，監査役設
置会社においては監査役（監査役が2人以上ある場合は各監査役），監査等委員
会設置会社においては各監査等委員，指名委員会等設置会社においては各監査
委員の同意を得なければならないことになった（改正法849条の2）。

③　取締役等の欠格事由（第8章3）

　成年後見制度の利用促進を図るべく，取締役等の欠格事由から，成年被後見
人若しくは被保佐人又は外国の法令上これらと同様に取り扱われている者を除
外し（改正前会社法331条1項2号），その上で，次の内容を加えることとした。

イ　成年被後見人

　成年被後見人が取締役等に就任するには，成年後見人が，成年被後見人に代
わって就任の承諾をしなければならない（改正法331条の2第1項・39条5項・
335条1項・402条4項・478条8項）。

ロ　被保佐人

　被保佐人が取締役等に就任するには，原則として，保佐人の同意を得なけれ

ばならず（改正法331条の2第2項・39条5項・335条1項・402条4項・478条8項），これを欠く就任の承諾は，効力を生じない。

ハ　行為能力の制限による取消しの禁止

成年被後見人又は被保佐人がした取締役等の資格に基づく行為は，行為能力の制限によって取り消すことができない（改正法331条の2第4項・39条5項・335条1項・402条4項・478条8項）。

④　登記関係（第8章4）

イ　新株予約権（第8章4(1)）

新株予約権の募集事項において払込金額又はその算定方法（会社238条1項3号）を定めたときは，払込金額，又は算定方法を定めた上で払込金額が確定しない場合は算定方法を，登記することとなった（改正法911条3項12号ヘ，会社915条1項）。

ロ　代表者住所記載の登記事項証明書（第8章4(2)）

一定の場合に，会社の代表者から申出があったときは，当該代表者の住所を登記事項証明書に記載しないこととした。併せて，電子通信回線による登記情報の提供に関する法律に基づく登記情報の提供（登記情報提供サービス）においては，当該住所に関する情報を提供しないこととなった。

ただし，本見直しは，会社法令の改正ではなく，関係法律に基づく法務省令の改正により対応される。

ハ　支店登記（第8章4(3)）

会社の支店所在地における登記（改正前会社法930条ないし932条）は廃止された。

4　コーポレートガバナンス・コード改訂の概要（第9章）

(1)　改訂の経緯（第9章1(1)）

2015年6月1日に施行されたコーポレートガバナンス・コードは，同年9月24日以降，スチュワードシップ・コード及びコーポレートガバナンス・コードのフォローアップ会議において見直しが検討され，2018年3月26日，「コーポ

レートガバナンス・コードの改訂と投資家と企業の対話ガイドラインの策定について」と題する提言が取りまとめられた。これを踏まえ、同月30日、株式会社東京証券取引所（以下、「東証」という）は、当該提言を踏まえたコーポレートガバナンス・コード改訂の要綱を公表し、同年4月29日までパブリックコメントの募集を行った。パブリックコメントでは、ESGに関する企業と投資家の対話が進む中、企業のESG要素に関する情報開示についてもコーポレートガバナンス・コードに盛り込むべきとの意見が複数寄せられた。これを受けて、東証は、前述の要綱で示したコード改訂案に、ESG要素に関する情報が非財務情報に含まれることを明確化する旨を加え、同年6月1日、コーポレートガバナンス・コードが改訂された。

(2) 改訂の概要（第9章1⑵以下）

① 経営環境の変化に対応した経営判断（第9章1⑹）

コーポレートガバナンス・コードは、コーポレートガバナンスの改革を目指し、経営陣による果断な経営判断を促すことを通じ、企業の持続的な成長と中長期的な企業価値の向上を促すことを狙いとするが、日本企業では、例えば、事業ポートフォリオの見直しが必ずしも十分に行われていないとの指摘がある。そして、これは、経営陣の資本コストに対する意識がいまだ不十分であることが背景にあるとされる。そのため、経営陣が自社の資本コストを的確に把握すべきことを明確化する必要がある。

そこで、「原則5-2．経営戦略や経営計画の策定・公表」では、まずは資本コストを的確に把握することが明記されるとともに、株主に分かりやすい言葉・論理で明確に説明を行うべき対象として、事業ポートフォリオの見直しが加えられた。

② 投資戦略・財務管理の方針（第9章1⑹）

企業が持続的な成長と中長期的な企業価値の向上を実現していくためには、戦略的・計画的に設備投資・研究開発投資・人材投資等を行っていくことや、投資戦略と整合的で資本コストを意識した適切な財務管理を行っていくことが重要である。

以上を踏まえ、「原則5-2．経営戦略や経営計画の策定・公表」では、株主に分かりやすい言葉・論理で明確に説明を行うべき対象である経営資源の配

分に，設備投資・研究開発投資・人材投資等が含まれることが明記された。

③ CEOの選解任等（第9章1⑷，⑸①③④⑥）

経営陣のうち特に中心的な役割を果たすCEOの選解任は，企業にとって最も重要な戦略的意思決定である。しかし，CEOの育成・選任に向けた取組みが不十分な企業が多く，実際，CEO選解任の基準の整備が進んでおらず，後継者計画についても，取締役会による十分な監督がなされているとは言えない企業が少なからず存在する。他方で，近年，任意の指名委員会を設置する企業は増加しつつあり，CEOの選解任プロセスの独立性・客観性・透明性を確保するためには，指名委員会の設置及び活用を更に進めることが重要である。

以上を踏まえ，新たに，補充原則4-3②として，「取締役会は，CEOの選解任は，会社における最も重要な戦略的意思決定であることを踏まえ，客観性・適時性・透明性ある手続に従い，十分な時間と資源をかけて，資質を備えたCEOを選任すべきである」こと，補充原則4-3③として，「取締役会は，会社の業績等の適切な評価を踏まえ，CEOがその機能を十分発揮していないと認められる場合に，CEOを解任するための客観性・適時性・透明性ある手続を確立すべきである」ことが定められた。

また，補充原則4-1③においては，取締役会が，CEO等の後継者計画（プランニング）を適切に監督するにとどまらず，一歩踏み込んで，その策定・運用に主体的に関与するとともに，後継者候補の育成が十分な時間と資源をかけて計画的に行われていくよう，適切に監督を行うべきことが明記された。

さらに，補充原則4-10①において，任意の諮問委員会は独立したものであることが追記されるとともに，具体例として任意の指名委員会・報酬委員会などが挙げられた。

これと併せ，「原則3-1．情報開示の充実」では，開示・発信すべき情報に，経営陣幹部の解任に関する事項が加えられた。

④ 取締役会の機能発揮等（第9章1⑸②⑤⑦）

取締役会は，CEOをはじめとする経営陣を支え，これを監視する重要な役割・責務を担っており，取締役会全体として適切な知識・経験・能力を備えることが求められる。また，取締役会が，ジェンダーや国際性の面を含む多様性を十分に確保していくことが求められるところ，日本企業ではこの点の進展が

不十分とも考えられる。

　以上を踏まえ,「原則4－11.　取締役会・監査役会の実効性確保のための前提条件」では,取締役会の多様性にジェンダーや国際性の面を含むことが明記され,かつ監査役には,適切な経験・能力及び必要な財務・会計・法務に関する知識を有する者が選任されるべきことが追記されるとともに,財務・会計に関する知見は,「適切」よりも「十分」である必要があることが明示された。

　なお,取締役会に関しては他に,経営陣の報酬について,取締役会が客観性・透明性ある手続に従い,制度設計し,具体的な報酬額を決定すべきこと（補充原則4－2①）や,十分な人数の独立社外取締役を選任すべきこと（原則4－8）も追記された。

⑤　政策保有株式（第9章1⑵）

　近年,政策保有株式は減少傾向にあるが,事業法人による保有の減少は緩やかであり,政策保有株式が議決権に占める比率は依然として少なくない。政策保有株式は,企業間で戦略的提携を進めていく上で意義があるとの指摘もあるが,他方で,安定株主の存在が企業経営に緩みを生じさせているとの指摘や,企業のバランスシートにおいて活用されていないリスク性資産であり,資本管理上非効率との指摘もなされている。

　そこで,政策保有株式について,投資家との間でより深い対話が行われること,個別の政策保有株式の保有の目的や便益・リスクを具体的に精査した上で,保有の適否を検証し,分かりやすく開示・説明することが要求される。特に,政策保有株式の縮減に関する方針・考え方などを開示することが重要である。

　以上を踏まえ,「原則1－4.　政策保有株式」では,開示すべき事項の具体例として,「政策保有株式の縮減に関する方針・考え方など」が明記され,毎年,個別の政策保有株式について,保有目的が適切か,保有に伴う便益やリスクが資本コストに見合っているか等を取締役会で具体的に精査し,保有の適否を検証するとともに,かかる検証内容を開示すべきこととされた。さらに,政策保有株式に係る議決権の行使基準を具体的に策定・開示すること,当該基準に沿った対応を行うべきことが追記された。

　加えて,「自社の株式を政策保有株式として保有している会社（政策保有株主）からその株式の売却等の意向が示された場合には,取引の縮減を示唆することなどにより,売却等を妨げるべきではない」との補充原則1－4①,及び

序章　令和元年会社法改正の概要　21

「政策保有株主との間で，取引の経済合理性を十分に検証しないまま取引を継続するなど，会社や株主共同の利益を害するような取引を行うべきではない」との補充原則1－4②が新たに加わった。

⑥　アセットオーナー（第9章1(3)）

　コーポレートガバナンス改革を深化させ，インベストメント・チェーンの機能発揮を促すには，最終受益者の最も近くに位置して，企業との対話の直接の相手方となる運用機関に対し働きかけやモニタリングを行うアセットオーナーの役割が極めて重要である。

　しかしながら，アセットオーナーのうち，企業年金については，必ずしも十分に取組みが進んでおらず，スチュワードシップ活動を含む運用に携わる人材が質的・量的に不足しているのではないかとの指摘もある。こうした課題は，まずは企業年金自体で対処するべきだが，母体企業においても，企業年金の運用が従業員の資産形成や企業の財政状態に影響を与えることを十分認識し，企業年金がアセットオーナーとして期待される機能を実効的に発揮できるよう，主体的に人事面や運営面における取組みを行うことが求められる。

　以上を踏まえ，「原則2－6．企業年金のアセットオーナーとしての機能発揮」が新たに設けられ，「上場会社は，企業年金の積立金の運用が，従業員の安定的な資産形成に加えて自らの財政状態にも影響を与えることを踏まえ，企業年金が運用（運用機関に対するモニタリングなどのスチュワードシップ活動を含む）の専門性を高めてアセットオーナーとして期待される機能を発揮できるよう，運用に当たる適切な資質を持った人材の計画的な登用・配置などの人事面や運営面における取組みを行うとともに，そうした取組みの内容を開示すべきである。その際，上場会社は，企業年金の受益者と会社との間に生じ得る利益相反が適切に管理されるようにすべきである。」旨定められた。

⑦　ESG要素（第9章1(7)）

　近時，ESGに関する企業と投資家の対話が進んでおり，企業もESG要素に関する情報開示をさらに進めるべきである。

　そこで，コーポレートガバナンス・コード第3章「適切な情報開示と透明性の確保」の考え方において，開示すべき非財務情報にESG要素に関する情報が含まれることが明確化された。

第1章

株主総会資料の電子提供

1 改正の内容

〈改正のポイント〉

株主総会資料の電子提供制度の創設

　株主総会参考書類，計算書類及び事業報告など，取締役が株主総会の招集の通知に際して株主に対し提供しなければならない資料について，株主の個別の承諾を得ることなく，インターネットを利用する方法により提供することを認める株主総会資料の電子提供制度が創設された。

　これによって，株式会社は，印刷や郵送が不要となり，これらの費用を削減することができることはもちろん，株主に対し早期に充実した内容の株主総会資料を提供できるようになることが期待されている。

⑴　株主総会資料の電子提供制度とは

①　定　義

　株主総会資料の電子提供制度（以下，「電子提供」という）とは，株式会社が，⑴株主総会参考書類，⑵議決権行使書面，⑶会社法437条の計算書類及び事業報告，並びに⑷会社法444条6項の連結計算書類（以下，「株主総会参考書類等」という。**図表1－1**）を自社のホームページ等のウェブサイトに掲載し，当該ウェブサイトのアドレス等を株主に対して書面により通知した場合には，これ

ら株主総会参考書類等を株主に対して適法に提供したものとする制度である（改正法325条の2以下）。

【図表1−1：電子提供制度の対象となる株主総会参考書類等】

株主総会参考書類
●議決権の行使について参考となるべき事項を記載した書類（会社301条1項，会施規65条，73条ないし94条）。 ■株主総会に出席しない株主が書面によって議決権を行使することができることとする場合（書面投票制度。会社298条1項3号・2項）には，取締役が株主に対して交付等をしなければならない（会社301条）。 ■株主総会に出席しない株主が電磁的方法によって議決権を行使することができることとする場合（電子投票制度。会社298条1項4号）には，取締役が株主に対して交付等をしなければならない（会社302条1項・2項）。
議決権行使書面
●株主が議決権を行使するための書面（会社301条1項，会施規66条） ■書面投票制度を採用する場合（会社298条1項3号・2項）には，取締役が株主に対して交付等をしなければならない（会社301条）。 ■電子投票制度を採用する場合（会社298条1項4号）には，取締役が株主に対して交付等をしなければならない（会社302条3項・4項）。
会社法437条の計算書類及び事業報告
●取締役会設置会社における，取締役会の承認を受けた計算書類及び事業報告（会社437条，436条3項，会計規133条，会施規133条）。 ●監査役設置会社（監査役の監査の範囲を会計に関するものに限定する旨の定款の定めがある株式会社を含み，会計監査人設置会社を除く。）においては監査役又は監査役会の監査報告を含む（会社437条，会計規133条1項2号ロ，会施規133条1項2号ロ）。 ●会計監査人設置会社においては会計監査報告を含む（会社437条，会計規133条1項3号ロ）。 ■取締役会設置会社の取締役は，定時株主総会の招集の通知に際して，株主に対し提供しなければならない（会社437条）。
会社法444条6項の連結計算書類
●会計監査人設置会社かつ取締役会設置会社における，取締役会の承認を受けた連結計算書類（会社444条6項・5項，会計規61条）。 ■会計監査人設置会社が取締役会設置会社である場合には，取締役は，定時株主総会の招集の通知に際して，株主に提供しなければならない（会社444条6項）。

② 改正の背景と趣旨

株主総会においては，株式会社と株主との間で十分なコミュニケーションが図られる必要があるところ，デジタル化が進行する社会の発展に伴い，当該発展を背景にした対応が求められ，会社法においても，そのための手続が一定の範囲で認められてきた。

すなわち，改正会社法施行前においては，株主の個別の承諾を得て，書面による招集通知の発出に代えて，電子メール等の電磁的方法により通知を発することや（会社299条3項，会施令2条1項2号，会施規230条），株主総会参考書類や議決権行使書面の交付に代えて，これらの書面に記載すべき事項を電磁的方法により提供することが認められている（会社301条2項）。

招集通知の発出に代えて，電子メール等の電磁的方法により通知を発する場合には，取締役会の承認（会社436条3項）を受けた計算書類及び事業報告（監査役設置会社〔監査役の監査の範囲を会計に関するものに限定する旨の定款の定めがある株式会社を含み，会計監査人設置会社を除く〕においては監査役又は監査役会の監査報告を含み〔会社437条，会計規133条1項2号ロ，会施規133条1項2号ロ〕，会計監査人設置会社においては会計監査報告を含む〔会社437条，会計規133条1項3号ロ〕）も，電磁的方法により提供しなければならない（会社437条，会計規133条2項2号，会施規133条2項2号）。

しかしながら，これらの制度は，株主の個別の承諾を取得する必要があったこと等から，あまり利用されていなかった。

他方で，招集通知の電磁的方法による通知を利用しない場合であっても，株主総会参考書類に記載すべき事項，事業報告に表示すべき事項，株主資本等変動計算書又は個別注記表に表示すべき事項，及び連結計算書類（会計監査報告又は監査報告を含む）に表示すべき事項については，定款に基づき，株主の個別の承諾がなくとも，インターネットを使用する方法により株主が提供を受けることができる状態に置くことで，当該事項についての株主への提供に代えることが認められている（いわゆる「ウェブ開示」。会施規94条1項・133条3項，会計規133条4項・134条4項等）。もっとも，**図表1－2**記載の事項については，ウェブ開示を行うことができず，ウェブ開示の制度はその範囲が限定されていた。

【図表1－2：株主総会参考書類等のうちウェブ開示ができない事項】

株主総会参考書類に記載すべき事項	
議案	会施規73条1項1号
社外取締役を置くことが相当でない理由	会施規74条の2第1項
事業報告の内容とすべき事項のうちウェブ開示が認められない事項を株主総会参考書類に記載する場合の当該事項	会施規94条1項3号
ウェブサイトのURL	会施規94条1項4号
ウェブ開示の措置をとることについて監査役等が異議を述べている事項	会施規94条1項5号

事業報告に表示すべき事項		
当該事業年度における事業の経過及びその成果		会施規120条1項4号
当該事業年度における次に掲げる事項についての状況（重要なものに限る。）		会施規120条1項5号
	資金調達	会施規120条1項5号イ
	設備投資	会施規120条1項5号ロ
	事業の譲渡，吸収分割又は新設分割	会施規120条1項5号ハ
	他の会社（外国会社を含む。）の事業の譲受け	会施規120条1項5号ニ
	吸収合併（会社以外の者との合併（当該合併後当該株式会社が存続するものに限る。）を含む。）又は吸収分割による他の法人等の事業に関する権利義務の承継	会施規120条1項5号ホ
	他の会社（外国会社を含む。）の株式その他の持分又は新株予約権の取得又は処分	会施規120条1項5号ヘ
重要な親会社及び子会社の状況		会施規120条1項7号
対処すべき課題		会施規120条1項8号
会社役員（直前の定時株主総会の終結の日の翌日以降に在任していたものに限る。以下同じ。）の氏名（会計参与にあっては，氏名又は名称）		会施規121条1号
会社役員の地位及び担当		会施規121条2号
当該事業年度に係る会社役員の報酬等		会施規121条4号
当該事業年度において受け，又は受ける見込みの額が明らかとなった会社役員の報酬等		会施規121条5号
各会社役員の報酬等の額又はその算定方法に係る決定に関する方針を定めているときは，当該方針の決定の方法及びその方針の内容の概要		会施規121条6号
社外取締役を置くことが相当でない理由		会施規124条2項

ウェブ開示の措置をとることについて監査役等が異議を述べている事項	会施規133条3項2号
計算書類等に表示すべき事項	
貸借対照表及び損益計算書	会計規133条1項1号・2号イ・3号イ
計算書類に係る監査役等の監査報告等	会計規133条1項2号ロハ・3号ホヘ
計算書類に係る会計監査人の監査報告等	会計規133条1項3号ロハニ

　そこで，改正会社法により新たに設けられたのが，電子提供制度である。この制度は，株主の個別の承諾を要しない点，電子提供の対象となる資料が株主総会参考書類等の全てとなる点で特色がある（以上につき**図表1－3**参照）。

【図表1－3：株主総会参考書類等の提供方法ごとの相違】

提供方法	株主個別の承諾	定款の定め	提供対象の限定
書面による提供	不要	不要	なし
株主の個別の承諾を得て行う電磁的方法による提供	必要	不要	なし
ウェブ開示制度	不要	必要	あり（図表1－2のとおり）
電子提供制度	不要	必要（みなし規定あり）	なし

　株主総会資料の電子提供が新たに導入された趣旨は，上記のように，株主総会の招集の手続を合理化し，株式会社と株主との間のコミュニケーションの向上を図る点にある。

　すなわち，電子提供により，株式会社は株主総会資料の郵送，印刷，封入等の手間を少なくし，コストの効率化，削減を図ることができる。また，印刷や郵送が不要となることから，従来よりも早期に，株主に対して株主総会資料の提供を行うことができ，かつ，紙幅の限界を考慮することなく，内容として盛り込む情報をより充実させることも可能となる。その結果，海外機関投資家を含めた株主と株式会社との間のコミュニケーションの質の向上につながること

が期待されるのである。

なお，電子提供が導入された後も，改正前の株主の個別の承諾を得て行う電子提供や，ウェブ開示の制度は廃止されず併存する。

(2) 電子提供の方法

① 定款の定め

株式会社は，取締役が株主総会を招集するときは，株主総会参考書類等の内容である情報について，電子提供措置をとる旨を定款で定めることができる（改正法325条の2前段）。

ここでいう電子提供措置とは，電磁的方法により株主が情報の提供を受けることができる状態に置く措置であって，法務省令で定めるものをいう（改正法325条の2前段括弧書）。また，電子提供措置の対象となる株主総会は，種類株主総会を含む（改正法325条の2前段括弧書）。

定款には，電子提供措置をとる旨を定めれば足りるが（改正法325条の2後段），当該定款の定めがあるときは，株式会社はその定めを登記しなければならない（改正法911条3項12号の2，会社915条1項）。登記することで，当該株式会社が株主総会参考書類等について電子提供措置を行うことを広く周知させることができる。

非公開会社など，振替法128条1項に規定される振替株式を発行する会社以外の会社は，電子提供をとる旨の定款に定めるか否かは自由に選択することができる。

他方で，上場会社など，振替株式を発行する会社においては，電子提供措置をとる旨を定款で定めなければならず，電子提供措置をとることが義務付けられている（改正振替法159条の2第1項）。類型的にその売買が頻繁に行われることが想定される上場会社等については，株主は上場会社のうちどの会社が電子提供措置をとっているかを逐一確認する必要がなくなって，上場株式の流通性に資することになり，インターネットを利用したより充実した株主総会資料の提供が促進されることにもつながると考えられる。

なお，会社法の施行の際，現に振替株式を発行している会社は，当該改正法の施行の日において，電子提供措置をとる旨の定款変更の決議をしたものとみなされ，同日が定款変更の効力発生日とされる（整備法10条2項。以上につき**図表1-4**参照）。これは，電子提供制度の採用を義務付けられる会社において，

定款変更決議をする負担を軽減するためである。

【図表1−4：電子提供措置の要否と定款変更・登記手続】

会社	電子提供措置	定款変更	登記手続
振替株式発行会社	必要	必要（ただし，改正法施行日に定款変更決議をしたとみなされる。）	必要
振替株式発行会社以外の会社	任意	電子提供措置を行う場合は必要	電子提供措置を行う場合は必要

② 電子提供措置

イ 継続して電子提供措置をとらなければならない場合

　電子提供措置をとる旨の定款の定めがある株式会社の取締役は，会社法299条2項各号に掲げる場合に，継続して電子提供措置をとらなければならない（改正法325条の3第1項）。株主が提供を受けることができない状態になった場合や，改変された場合には電子提供措置の中断が生じ（改正法325条の6），電子提供措置の効力に影響を及ぼす可能性がある。

　会社法299条2項各号に掲げる場合は，次のとおりである。

　i 株主総会を招集するに際して，株主総会に出席しない株主が書面によって議決権を行使することができることとするとき（書面投票制度，会社299条2項1号・298条1項3号）

　ii 株主総会を招集するに際して，株主総会に出席しない株主が電磁的方法によって議決権を行使することができることとするとき（電子投票制度，会社299条2項1号・298条1項4号）

　iii 株式会社が取締役会設置会社である場合（会社299条2項2号）

ロ 継続して電子提供措置をとらなければならない事項

　(イ) 原則　継続して電子提供措置をとらなければならない事項（以下，「電子提供措置事項」という）は，次のとおりである（改正法325条の3第1項各号）。

　　(i) 電子提供措置を行う全ての場合

　　　会社法298条1項各号に掲げる事項（株主総会の日時及び場所，株主総会の目的事項，書面による議決権行使をすることができるときはその旨，電

磁的方法により議決権行使をすることができるときはその旨，法務省令で定める事項〔改正法325条の3第1項1号〕）

(ii) 会社法301条1項に規定する場合（株主総会に出席しない株主が書面によって議決権を行使することができることとするとき，書面投票制度）
株主総会参考書類及び議決権行使書面に記載すべき事項（改正法325条の3第1項2号）

(iii) 会社法302条1項に規定する場合（株主総会に出席しない株主が電磁的方法によって議決権を行使することができることとするとき，電子投票制度）
株主総会参考書類に記載すべき事項（改正法325条の3第1項3号）

(iv) 会社法305条1項の規定による請求があった場合（株主から，株主総会の日の8週間前までに，株主総会の目的である事項につき当該株主が提出しようとする議案の要領を株主に通知することの請求があった場合）
会社法305条1項の議案の要領（改正法325条の3第1項4号）

(v) 取締役会設置会社である場合において，取締役が定時株主総会を招集するとき
会社法437条の計算書類及び事業報告に記載され，又は記録された事項（改正法325条の3第1項5号）

(vi) 株式会社が会計監査人設置会社（取締役会設置会社に限る）である場合において，取締役が定時株主総会を招集するとき
会社法444条6項の連結計算書類に記載され，又は記録された事項（改正法325条の3第1項6号）

(vii) 上記(i)から(vi)の事項を修正したとき
修正した旨及び修正前の事項（改正法325条の3第1項7号）。
ただし，本(vii)は，(i)から(vi)までの事項に修正をすべき事情が生じた場合に，その旨と当該修正事項を電子提供の対象とすることで，電子提供による修正を許容するものであるが，修正を要する事項や修正の内容の重要性等の観点から限界があるものと解される。

(ロ) 例外1：議決権行使書面を交付する場合　取締役がいわゆる「狭義の株主総会招集通知」（会社299条1項。以下同じ）に際して，株主に対し議決権行使書面を交付するときは，議決権行使書面に記載すべき事項に係る情報については，電子提供措置をとることを要しない（改正法325条の3第2項）。
株主の氏名又は名称及び行使することができる議決権の数は，議決権行

第1章　株主総会資料の電子提供　　31

【図表1－5：電子提供措置をとらなければならない事項と例外のまとめ】

	具体的ケース（原則）	電子提供措置事項
原則ⅰ	電子提供措置を行う全ての場合	狭義の株主総会招集通知に記載すべき事項（会社298条1項各号）
原則ⅱ	書面投票制度を採用する場合（会社301条1項，298条1項3号）	株主総会参考書類及び議決権行使書面に記載すべき事項
原則ⅲ	電子投票を採用する場合（会社302条1項，298条1項4号）	株主総会参考書類に記載すべき事項
原則ⅳ	株主提案議案の通知請求（会社305条1項）があった場合	議案の要領
原則ⅴ	取締役会設置会社で取締役が定時株主総会を招集する場合	計算書類及び事業報告（会社437条）に記載又は記録された事項
原則ⅵ	会計監査人設置会社かつ取締役会設置会社で取締役が定時株主総会を招集する場合	連結計算書類（会社444条6項）に記載又は記録された事項
原則ⅶ	ⅰないしⅵの各事項を修正した場合	修正した旨及び修正前の事項

	具体的ケース（例外）	電子提供が不要になる事項
例外1	議決権行使書面を交付する場合	議決権行使書面に記載すべき事項につき電子提供措置不要
例外2	有価証券報告書を提出しなければならない会社が，電子提供措置開始日までにEDINETを利用して有価証券報告書を提出する場合	有価証券報告書に記載された電子提供措置事項（定時株主総会に係るものに限り，議決権行使書面に記載すべき事項を除く）につき電子提供措置不要

使書面の記載事項とされているところ（会施規66条1項5号），これらの記載事項を全て電子提供措置事項とする場合には，会社は全ての株主について個別にその氏名又は名称及び行使することができる議決権の数をウェブサイトに掲載しなければならなくなり，システム的な支障があると考えられるためである。

　もっとも，例えば，会社がパスワードを要求するなど，システム上の工夫をした上で，議決権行使書面に記載すべき事項に係る情報について，省略せずに個別に電子提供措置をとることも可能であると考えられる。

(ハ)　例外2：EDINETを使用して有価証券報告書を提出する場合　　いわゆるEDINET（金商27条の30の2）を使用して提出された有価証券報告書は，

インターネットを通じて公衆の縦覧に供されることになる。そのため，金融商品取引法24条１項により有価証券報告書を提出しなければならない会社が，電子提供措置事項（前述(イ)参照。ただし，定時株主総会に係るものに限り，議決権行使書面に記載すべき事項〔前述(ロ)参照〕を除く）を記載した有価証券報告書（添付書類及び訂正報告書を含む）を，EDINETを使用して提出した場合には，当該事項については別途電子提供措置をとることを要しない（改正法325条の３第３項。以上本**ロ**につき**図表１−５**参照）。

　もっとも，かかる例外が認められるのは，電子提供措置事項を記載した有価証券報告書が，電子提供措置開始日（後記ハ(イ)参照）までに提出された場合に限られる。

　これ自体は，本来は株主総会資料の電子提供ではないが，このような例外を認めることによって，株主総会前に有価証券報告書を開示する取組を促進し，さらには，事業報告及び計算書類等と有価証券報告書の一体的な開示制度の実現を目指すためのものといえよう。

ハ　継続して電子提供措置をとらなければならない期間

(イ)　電子提供措置期間　　電子提供措置を継続しなければならない期間は，株主総会の日の３週間前の日又は狭義の株主総会招集通知（会社299条１項）を発した日のいずれか早い日（以下，「電子提供措置開始日」という）から，株主総会の日後３カ月を経過するまでの間（以下，「電子提供措置期間」という）である（改正法325条の３第１項）。

　電子提供措置開始日については，株主が株主総会資料を検討する期間を確保する観点から，株主総会の日の４週間前とする案も検討された。しかし，計算書類等については監査に時間を要すること等の実務上の問題点を踏まえ，株主総会の日の３週間前の日又は招集通知発送の日のいずれか早い日とされている。

　株主総会の日後３カ月まで電子提供措置を継続しなければならないのは，株主総会資料が株主総会の決議の取消しの訴えに係る訴訟において証拠等として使用される可能性があることから，当該訴えの出訴期間（会社831条１項柱書）が経過する日まで，これらの資料がウェブサイトに掲載される必要があるためである。

　なお，株主，機関投資家の検討期間を確保し，企業との対話を充実させる等の観点から，附帯決議では，金融商品取引所の規則において，上場会

社は，株主による議案の十分な検討期間を確保するために，電子提供措置を株主総会の日の3週間前よりも早期に開始するよう努める旨の規律を設ける必要があるとされている。

㋺　電子提供措置の中断　　電子提供措置期間中に，電子提供措置が中断した場合，すなわち，株主が電子提供を受けることができる状態に置かれるべき情報がその状態に置かれないこととなったり，当該情報がその状態に置かれた後，改変されたりした場合には，当該電子提供措置の効力が問題となる。このような場合，次のいずれにも該当するときは，その電子提供措置の中断は，当該電子提供措置の効力に影響を及ぼさないとされている（改正法325条の6）。

i　電子提供措置の中断が生ずることにつき株式会社が善意でかつ重大な過失がないこと又は株式会社に正当な事由があること（改正法325条の6第1号）

ii　電子提供措置の中断が生じた時間の合計が電子提供措置期間の10分の1を超えないこと（改正法325条の6第2号）

iii　電子提供措置開始日から株主総会の日までの期間中に電子提供措置の中断が生じたときは，当該期間中に電子提供措置の中断が生じた時間の合計が当該期間の10分の1を超えないこと（改正法325条の6第3号）

iv　株式会社が電子提供措置の中断を生じたことを知った後速やかにその旨，電子提供措置の中断が生じた時間及び電子提供措置の中断の内容である情報について当該電子提供措置に付して電子提供措置をとったこと（改正法325条の6第4号）

なお，本来電子提供措置がなされるウェブサイトでの電子提供が中断した場合でも，電子提供を行う自社あるいは契約先のウェブサイトにおいて，バックアップとして他のウェブサイトにより電子提供措置が行われていれば，電子提供措置の中断とは扱われないと考えられる。このようなバックアップ用のウェブサイトとしては，東京証券取引所のウェブサイトを自社のウェブサイト等のサブ媒体として電子提供措置に使用する方法が検討されている。このように他のウェブサイトをサブ媒体として用いる場合には，狭義の株主総会招集通知（会社299条1項）に，本来電子提供措置がなされるウェブサイトだけでなく，他のウェブサイトのURLも記載する必要があると解される（以上につき**図表1-6**参照）。

【図表１－６：電子提供措置が中断した場合の効果】

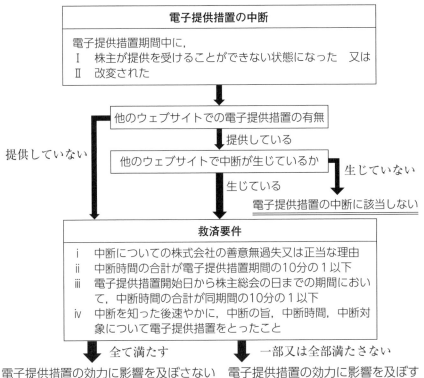

　また，電子提供措置に関しては，電子公告と異なり，電子提供措置期間中，電子提供措置事項が常に株主が提供を受けることができる状況に置かれているかどうかについて，調査を行うことまでは義務付けられていない。これは，不特定多数の者が閲覧する電子公告と異なり，電子提供措置は株主が閲覧するためのものであり，株主以外の者が閲覧できないとすることも可能であること，調査機関確保の問題があることに加え，調査制度を用いなかったとしても，株式会社が独自にウェブサイトのいわゆるログを保存してこれを証拠とすることで，上述の救済要件の充足の立証が可能であることによる。

③　株主総会招集通知の発送

　電子提供措置をとる場合には，株主総会招集通知に関して，以下の対応が必要となる。

イ　発送期限

　狭義の株主総会招集通知（会社299条1項）は，株主総会の日の2週間前までに，株主に対して発しなければならない（改正法325条の4第1項）。

　公開会社でない株式会社では，原則として，株主総会の日の1週間前（取締役会設置会社以外の株式会社で，1週間を下回る期間を定款で定めた会社ではその期間よりも前）までに，株主総会の招集通知を発すればよいものとされているが（会社299条1項），これらの会社も，電子提供措置をとる場合には，株主総会の日の2週間前までに，通知を発する必要がある（改正法325条の4第1項）。これは，公開会社と公開会社でない株式会社とで異なる発送期限とすると，規律が複雑になる等の理由による（以上につき**図表1－7**参照）。

【図表1－7：株主総会招集通知の発送期限】

公開・非公開の別と定款の定め		発送期限
公開会社		2週間前まで
非公開会社	原則	1週間前まで
	定款で1週間を下回る期間を定めたとき	定款で定められた期間
	書面投票又は電子投票を認めるとき，及び定款で電子提供措置をとる旨を定めたとき	2週間前まで

ロ　記載事項

　書面投票制度若しくは電子投票制度を採用するとき又は取締役会設置会社であるときには，電子提供制度の導入に伴い，狭義の株主総会招集通知（会社299条1項）には**図表1－8**の事項を記載又は記録しなければならないとされた（改正法325条の4第2項）。そして，この場合，会社法施行規則63条で定める事項（会社298条1項5号）は不要となる。

【図表1－8：狭義の株主総会招集通知記載事項】

書面若しくは電子投票制度採用会社又は取締役会設置会社が 電子提供措置をとる場合における狭義の株主総会招集通知記載事項	
ⅰ	株主総会の日時及び場所（会社298条1項1号）
ⅱ	株主総会の目的事項（会社298条1項2号）
ⅲ	書面投票制度を採用した旨（会社298条1項3号）
ⅳ	電子投票制度を採用した旨（会社298条1項4号）
ⅴ	電子提供措置をとっている旨（改正法325条の4第2項1号）
ⅵ	電子提供措置事項を記載した有価証券報告書の提出をEDINETを使用して行った旨（改正法325条の4第2項2号）
ⅶ	法務省令で定める事項（改正法325条の4第2項3号）

ハ　株主総会資料の要否

電子提供措置がとられる場合，取締役は，**図表1－8**の事項の記載がなされた株主総会招集通知のみを送付すれば足り，株主総会参考書類等の交付又は提供を要しない（改正法325条の4第3項）。

ニ　任意の情報提供

電子提供制度を採用する株式会社が，万が一，電子提供措置の中断が生じた場合に備える等の目的で，株主に対して，任意に，**図表1－8**の株主総会招集通知の記載事項以外の事項に関する情報を書面で提供することも可能である。

また，特定の株主に対してのみ株主総会に関する情報を書面によって提供すること自体も禁止されない。ただし，その態様が著しく不公正な場合には，別途株主総会の決議取消事由に該当し得ると解されている（会社831条1項1号）。また，株主平等の原則（会社109条1項）や利益供与の禁止（会社120条1項）による限界があると考えられる。

(3)　書面交付請求

①　書面交付請求とは

電子提供措置をとる旨の定款の定めがある場合であっても，株主は，株式会社に対し，電子提供措置事項を記載した書面の交付を請求することができる（書面交付請求。改正法325条の5第1項）。これは，インターネットの利用が困難，又は利用を希望しない株主の保護を図り，あるいはこれに配慮したものである。ただし，電磁的方法により招集通知を発することについて個別の承諾をした株

主は（会社299条3項），電子提供措置をとる会社に対し，書面交付請求をすることができない（改正法325条の5第1項括弧書）。なお，書面交付請求の効力は，以下の⑤で記載する通知及び催告がない限り，将来的な効力である。

② 書面交付請求の期限

会社が，当該株主総会において議決権を行使することができる者を定めるための基準日を定めたときは（会社124条1項），株主は，電子提供措置事項を記載した書面を求める場合，当該基準日までに書面交付請求を行う必要がある（改正法325条の5第2項括弧書）。会社としては，基準日までに書面交付請求があった株主に対して電子提供措置事項を記載した書面を交付すれば足りる。もっとも，会社の判断で，基準日経過後に書面交付請求を行った株主に対し，任意に当該株主総会に係る電子提供措置事項を記載した書面を交付することも許されるものと解される。

③ 書面交付の対象事項

取締役は，適正な書面交付請求をした株主に対し，狭義の株主総会招集通知（会社299条1項）に際して，当該株主総会に係る電子提供措置事項を記載した書面を交付しなければならない（改正法325条の5第2項）。

そして，いわゆるウェブ開示によるみなし提供の対象となる事項があっても，インターネットを利用することが困難な株主は，ウェブサイトに掲載された株主総会資料の全てについて閲覧をすることができないおそれがあることから，原則として，書面にはみなし提供の対象となる事項を含め，全ての電子提供措置事項を記載する必要がある。

もっとも，株式会社は，定款で，電子提供措置事項のうち法務省令に定めるものの全部又は一部について，書面交付請求を受けて交付する書面に記載することを要しない旨を定めることができる（改正法325条の5第3項）。これによって，株式会社は，交付書面の記載内容を限定することができる。なお，この対象は，いわゆるウェブ開示によるみなし提供の対象となる事項の全部又は一部となる予定である。

④ 振替株式の場合における書面交付請求先

書面交付請求は，法文上は，株主が株式会社に対して行うとされている（改

正法325条の5第1項）。

　しかし，株式振替制度の加入者（上場会社の株主）については，次に掲げる振替株式の発行者（会社）に対する書面交付請求を，その直近上位機関を経由して行うことができる（改正振替法159条の2第2項前段。**図表1-9**）。

　i　当該加入者の口座の保有欄に記載又は記録がされた当該振替株式（当該加入者が，その直近上位機関に対し，当該振替株式につき他の加入者〔以下「特別株主」という〕を株主として総株主通知をすることを求める旨の申出〔改正振替法151条2項1号〕をしたものを除く。改正振替法159条の2第2項1号）

　ii　当該加入者が他の加入者の口座における特別株主である場合には，当該口座の保有欄に記載又は記録がされた当該振替株式のうち当該特別株主についてのもの（改正振替法159条の2第2項2号）

　iii　当該加入者が他の加入者の口座の質権欄に株主として記載又は記録がされた者である場合には，当該質権欄に記載又は記録がされた当該振替株式のうち当該株主についてのもの（改正振替法159条の2第2項3号）

　iv　当該加入者が，株式買取請求をしようと当該振替株式について買取口座を振替先口座とする振替の申請（振替155条3項）をした振替株式の株主である場合には，同振替を行うための口座（買取口座，同条1項）に記載又は記録がされた当該振替株式のうち当該株主についてのもの（改正振替法159条の2第2項4号）

【図表1-9：振替株式の場合における書面交付請求】

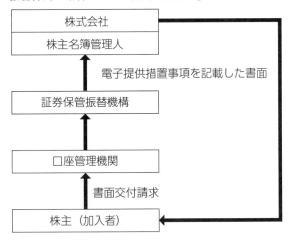

そして，直近上位機関を経由して書面交付請求を行う場合，加入者は，会社法130条1項（株式譲渡の対抗要件）の規定にかかわらず，振替法154条3項に定める個別株主通知は不要であり，書面交付請求をする権利を当該発行者（会社）に対抗することができる（改正振替法159条の2第2項後段）。

⑤ 書面交付請求の失効（有効期間）

株主から書面交付請求がなされた場合であっても，株式会社は，株主の書面交付請求の日から1年を経過したときは，当該書面交付請求をした株主に対し，書面の交付を終了する旨を通知し，かつ，これに異議のある場合には一定の期間（以下，「催告期間」という）内に異議を述べるべき旨を催告することができる（改正法325条の5第4項本文）。この催告期間は，1カ月を下回ることができない（改正法325条の5第4項但書）。

当該通知及び催告を受けた株主が書面交付請求をしたにもかかわらず，株式会社の定めた催告期間内に異議を述べない場合には，催告期間を経過した時に書面交付請求の効力が失われる（改正法325条の5第5項）。これによって書面交付請求株主が累積し，電子提供制度を採用したメリットが失われることを防ぐ趣旨である。

株式会社は，書面交付請求を受けた次の年以降の招集通知に際して，当該通

【図表1－10：書面交付請求と通知及び催告】

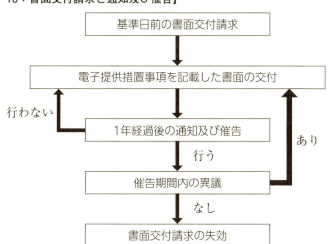

知・催告を行うことで，書面交付請求株主を減らすことができる。もっとも，当該株主が催告期間内に異議を述べたときは，当該株主の書面交付請求は効力を失わないが（改正法325条の5第5項但書），株式会社は，その異議を述べた日からさらに1年を経過したときに，同様の通知及び催告を行うことができる（改正法325条の5第4項本文。以上につき**図表1-10**参照）。これらの通知及び催告は，必ずしも改正会社法325条の4第2項の招集の通知と併せて行う必要はない。

2　実務への影響

(1)　定款変更

株主総会資料の電子提供制度を利用しようとする株式会社は，取締役が株主総会（種類株主総会を含む）の招集の手続を行うときは，株主総会参考書類等の内容である情報について，電子提供措置をとる旨の定款変更を行う必要がある（改正法325条の2）。

ただし，上述1(2)①のとおり，上場会社など，振替法128条1項に記載される振替株式を発行する会社は，電子提供措置をとる旨を定款で定めなければならず，改正法の施行の際，現に振替株式を発行している会社は，当該改正法の施行の日において，同日をその定款の変更が効力を生ずる日とする電子提供措置をとる旨の定款変更の決議をしたものとみなされるので，当該変更のために株主総会決議をする必要はない（整備法10条2項）。もっとも，新たな定款の定めが設けられるため，条項の調整など，形式的な変更の必要があることは否定できないから，定款変更の効力発生後に，変更内容を開示することが考えられるとともに，場合によっては，株主総会において定款変更決議をすることによって対応することも考えられる。

特に，書面交付請求があった場合に，電子提供措置事項のうち法務省令に定めるものの全部又は一部について，書面交付請求を受けて交付する書面に記載することを要しない旨を定款で定めることができるため（上述1(3)③。改正法325条の5第3項），書面交付請求に対する負担を軽減するために，当該定款変更を行うことも考えられ，それと電子提供措置をとる旨とを併せて定款変更決

議の内容に含めて処理することも考えられる。

　なお，定款の変更を決議したものとみなされた株式会社は，施行日から6カ月以内に（ただし，同期間内に他の登記をするときは，当該登記と同時に〔整備法10条5項〕），その本店の所在地において登記をしなければならず（整備法10条4項），当該登記の申請書には，施行日において振替株式を発行している会社に該当することを証する書面を添付しなければならない（整備法10条7項）。登記を怠ると，100万円以下の過料に処せられる可能性がある（整備法10条8項）。

(2)　施行日に関連する留意点

　電子提供制度に関する改正会社法の施行日は，公布日から1年6カ月以内において政令で定める日（改正法附則1条本文）ではなく，3年6カ月以内において政令で定める日とされている点に注意を要する（整備法附則3号，改正法附則1条但書）。また，定款の変更を決議したものとみなされた会社が，施行日から6カ月以内に株主総会又は種類株主総会の招集手続を行う場合には，株主が書面交付請求できる旨の定め（改正法325条の5第1項）を除き，改正会社法325条の3から325条の7までは適用されず，従前の例による点，留意する必要がある（整備法10条3項）。

(3)　発送手続及び電子提供措置

　株主総会資料の電子提供措置を利用することで，招集通知の発送に関する印刷，発送の事務負担は軽減できる。

　もっとも，電子提供措置は遅くとも株主総会の日の3週間前の日までに行わなければならないため（改正法325条の3第1項），当該期限までに電子提供措置の対象となる事項に係る情報を確定し，電子提供措置をとる必要がある。また，バックアップ用のサブサイトとして，東証のウェブサイト等を利用することの検討も必要である。

　そして，EDINETで提出手続を行う有価証券報告書による電子提供措置事項の提供も可能となったことから，有価証券報告書をEDINETで提出する場合は，電子提供を行う範囲を検討する必要がある。また，根本的に，今後の有価証券報告書の提出時期についても検討を進めることを要する。

　電子提供期間中は，電子提供が適切になされているか，中断が生じていないか確認し，中断が生じていれば，当該中断が電子提供措置の効力に影響を及ぼ

さないようにするため，中断の原因となる事項を解明・対応する等，早期に適切な対応を行う必要がある。

(4) 書面交付請求やその失効に係る対応

電子提供制度の下でも，基準日までに書面交付請求があった場合，招集通知の発送に際して，当該株主に対しては電子提供措置の対象となる事項を記載した書面を同封する必要がある（改正法325条の5第2項）。その前提として，書面の印刷等の準備や書面交付請求の状況を確認することが必要である。

他方で，書面交付請求から1年を経過している場合には，通知及び催告の対応をとることで，将来的に書面交付請求株主を減らしていくことができるため，当該通知及び催告を行うか否か，その時期等の検討，行う場合の通知・催告書の作成や発送作業も必要となる。

第2章

株主提案権及び議決権行使書面の
閲覧・謄写請求等

1 改正の内容

〈改正のポイント〉
株主提案権及び議決権行使書面の閲覧謄写請求権の制限

　株主の議案提案権は，10個までに制限された。また，議決権行使書面等の閲覧謄写請求をする場合，請求株主はその理由を明示しなければならず，会社がこれを拒絶できる事由が明記された。

(1) 株主提案権

① 株主提案権に関する改正内容の概要

　株主は，下記②で詳述するとおり，株主提案権として，議題提案権（一定の事項を株主総会の目的とすることを求める権利　会社303条），議案提案権（株主総会の目的事項につき，株主総会の場において，議案を提出する権利　会社304条），議案要領通知請求権（株主が提出する議案の要領を招集通知に記載することを求める権利　会社305条）を有する。

　株主提案権は，株主が自らの意思を株主総会に訴える権利を保障することで，経営者と株主又は株主相互のコミュニケーションを図り，開かれた株主総会を実現しようとするものである。

　しかし，近年，一人の株主による膨大な数の議案の提案，株式会社を困惑さ

せる内容の議案の提案など，株主提案権が濫用的に行使される事例が見られる。これらの事例では，その議案のために審議時間等が無駄に割かれ，株主総会の意思決定機能が害されること，提案を受けた株式会社において検討や招集通知の印刷等に要するコストや時間が増加することなどが弊害として指摘されている。

こうした事案に関し，近年の裁判例では，株主提案権の行使が，株式会社を困惑させる目的のためにされるなど，株主としての正当な目的を有するものでない場合等には，権利濫用として許されないと判断するものがある（東京高判平成27年5月19日金判1473号26頁）。しかしながら，どのような場合に株主提案権の行使が権利濫用に該当すると認められるかは必ずしも明確でなく，実務上，株式会社が自ら株主提案権の行使を権利濫用に該当すると判断して対応することは難しいとの指摘もなされていた。

そこで，改正法の立法過程では，株主提案権の濫用的な行使を制限するための措置として，株主が同一の株主総会において提案することができる議案の数を制限する（手続面からの制限），株主による不適切な内容の提案を制限する（内容面からの制限）各規定を新たに設けることが検討された。

国会審議の結果，最終的には，不適切な内容の提案を制限する規定の新設は見送られ，株主提案できる議案の数を制限する規定のみが設けられることになった。詳細は④において後述する。

改正の概要は，**図表2－1**のとおりである。

【図表2－1：株主提案権に関する改正内容の概要】

株主提案権の種類	根拠条文	改正の有無	改正内容
			提案議案の数に関する制限
議題提案権	会社303条1項	なし	－
議案提案権 （修正動議）	会社304条	なし	－
議案要領通知 請求権	会社305条1項	あり	改正法305条4項，5項

② 株主提案権とは

株式会社が招集する株主総会では，通常，株主総会の議題や議案は株式会社

が決定して提案するが，株主も一定の要件の下で当該株主総会に議題や議案を提案できる。これを株主提案権といい，以下のとおり，議題提案権，議案提案権，議案の通知請求権に分けられる。

イ　議題提案権

　取締役会設置会社においては，

　　i　総株主の議決権の100分の 1 以上の議決権又は300個以上の議決権を（定款で引下げ可能），

　　ii　6 カ月前（定款で短縮可能）から引き続き保有する株主が，

　　iii　株主総会の日の 8 週間前（定款で短縮可能）までに請求した場合

に限り，議題を提案することができる（会社303条 2 項）。

　他方，取締役会非設置会社においては，株主はいつでも議題を提案することができる（会社303条 1 項）。ここで，議題とは，株主総会の決議の目的となる事項であり，「定款変更の件」，「剰余金処分の件」，「取締役○名選任の件」などの形で提案されるものである。

ロ　議案提案権

　株主は，株主総会の目的事項（議題）に対する議決権を有する限り，株主総会において，その議題に関する具体的な議案を提案することができる（会社304条本文）。例えば，「剰余金処分の件」であれば，一株あたりの具体的な配当金額などの提案である。通常は，株式会社側の提案議案に対する修正議案の提案の形をとり，これを実務上，議案の修正動議と呼ぶ。

　ただし，提案しようとする議案が法令若しくは定款に違反する場合，又は実質的に同一の議案につき株主総会において総株主の議決権の10分の 1 （定款で引下げ可能）以上の賛成を得られなかった日から 3 年を経過していない場合にはこれを提案することはできない（会社304条但書）。

ハ　議案の通知請求権

　上記ロとは別に，株主は，自ら具体的な議案を提案する場合に，事前に株主提案の内容を他の株主に周知するために，取締役に対し，株主総会の 8 週間前までに（定款により短縮可能），株主総会の目的である事項につき当該株主が提出しようとする議案の要領を株主に通知することを請求することができる（会社305条 1 項本文）。

　ただし，取締役会設置会社においては，

　　i　総株主の議決権の100分の 1 以上の議決権又は300個以上の議決権を（定

款で引下げ可能）

ⅱ　6カ月前（定款で短縮可能）から引き続き保有する株主が請求した場合に限り，議案の通知請求を行うことができる（会社305条1項但書）。なお，議案の通知請求についても，提案を受けた株式会社において拒絶できる事由があり，それは上記ロの議案提案権と同様である（改正法305条6項）。

　株主提案をする株主は，会社側が議題としていない目的事項については，上記イの議題提案権とともに，議案の通知請求権を行使して，自らが承認を求める具体的内容を議案として提案することになる。

③　株主提案権の濫用的行使に関する制限－株主が提案できる議案の数

イ　内　容

　会社法では，従前，議案の通知請求権において，株主が提案できる議案の数に制限は設けられていなかった。しかし，上記①のとおり，一人の株主による膨大な数の議案の提案がなされ，これらをすべて審議しなければならないとすると，株主総会の意思決定機能が害されること，招集通知の印刷等に要するコストや時間が増加するなどの弊害がある。そこで，改正法では，提案できる議案数を10までとされることになった（改正法305条4項本文）。

ロ　適法性の判断

　議案の数については，「適法な」議案の数について制限を施すことも考えられる。しかし，議案の内容の適法性に関する判断を株式会社が行わなければならないとすると，結局，そのための検討に費やす時間やコストが増加し，提案議案の数を制限する意義が半減する可能性がある。そこで，改正法では，株主が提案した議案がその内容に照らして適法か否かに関係なく，形式的に当該株主が提案した議案の数のみで判断することができるものとした。

　そして，近年，株主提案による議案数が多いとされる電力会社の場合であっても，各提案株主につき多くても議案数が10程度にとどまっている実態や，株主が同一の株主総会に議案を何十も提案する必要が生じる場合は想定しづらいことを踏まえ，提案できる議案の数の上限は10とされた。

ハ　規制対象となる権利

　改正法が制限するのは，上記のとおり，議案の通知請求権（会社305条）の対象となる議案であって，議題提案権（会社303条）に基づき提案できる議題数及び株主総会における議案提案権（会社304条：修正動議）に基づき提案できる議

案数は制限していない（図表２−２）。

【図表２−２：規制対象となる権利〜提案議案の数に関する制限〜】

株主提案権の種類	提案議案の数に関する制限
議題提案権	−
議案提案権（修正動議）	−
議案要領通知請求権	○（改正法305条４項，５項）

　提案「議題」数を制限しなかったのは，これが，現行法上，株主の基本的権利であるとして，もともと，議案提案権の場合の制限（会社304条但書，改正法305条６項）と同様の制限がないことや，従前から，株式会社において，株主が「議題」提案権を行使しながら議題に対応する「議案」の要領（会社305条）を追加しなかったときは，株式会社はその株主の提案自体を拒否することができると解されていることなどから，議題の数まで制限することは相当でなく，その必要性も乏しいと考えられるためである。

　また，株主総会における議案提案権（会社304条：修正動議）に基づく提案議案数を制限しなかったのは，取締役会設置会社においては，株主総会は，招集通知に記載された目的事項以外の事項については，決議をすることができず（会社309条５項），議案の修正動議も目的事項である議題から一般的に予見することができる範囲を超えることはできないと解されていること，修正動議の行使の態様等によっては，これを必ずしも取り上げる必要はない場合もあると解されていることを踏まえると，この場合議案の数まで制限することは相当でないとされたためである。

ニ　議案の数え方

　株主が提案できる議案数は10までとされている。その上で，改正法では，株主提案権の濫用的な行使に該当するかどうかという点では，一定の議案について，従前の議案の数の数え方に関する解釈とは異なり，特に，以下の定めがなされている。

　　㈦　役員等の選解任及び会計監査人の不再任議案について　　（i）取締役，会計参与，監査役又は会計監査人（役員等）の選任に関する議案（改正法305条４項１号），（ii）役員等の解任に関する議案（改正法305条４項２号），及び㈽会計監査人を再任しないことに関する議案（改正法305条４項３号）は，当該

議案の数にかかわらず，これを一の議案とみなすこととされた（図表２−３）。

【図表２−３：議案の数の数え方〜役員等の選解任及び会計監査人の不再任議案〜】

議案の種類	根拠条文	議案の数の数え方
役員等の選解任及び会計監査人の不再任議案	改正法305条4項1号・2号・3号	当該議案の数にかかわらず，これを一の議案とみなす

　これまで会社法では，役員等の選任又は解任に関する議案は一候補につき一個の議案であると解されている。とすれば，株主提案議案についても，本来は候補者数に応じた数の議案としてカウントすべきである。

　しかしながら，このような解釈に従うとすると，たとえば，株主が複数（特に10名以上）の取締役の選任を望んだ場合には，取締役の人数分の選任議案を提出したものと解されることになり，議案の上限数との関係で，全議案を提案できなくなる。また，その結果，役員等の選任又は解任に関する議案以外の議案も提案することができないことになり，不合理と考えられる。そのため，かかる事態を避けるため，株主提案権の制限の場合の議案の数え方において，例えば，複数の候補者を取締役に選任するという議案については，一つの議案とみなすこととされた。

　役員解任議案及び会計監査人の不再任に関する議案についても，同様の趣旨から併せて一つの議案とみなすこととした。

㈢　定款変更議案について　　定款変更に関する議案の数の数え方については，これまで，株主が当該議案を変更内容ごとに分けて提案しない限り，一つの議案と解されてきた。しかし，株主が関連性のない多数の条項や複数の不相当な内容を追加する定款変更議案を一議案として提案するような濫用的な場合についても，これを一つの議案として数えるとすると，提案議案数を制限しても濫用的な株主提案を制限することができなくなるおそれがある。

　これに対しては，定款変更議案の数を一定の関連性がある事項ごとに区分して数えることが考えられる。しかし，提案株主と株式会社との間でかかる関連性の有無について意見が分かれ，議案の数え方についての争いが

生じる事態が想定されるため、より具体的かつ明確な関連性の有無の判断基準を定める必要がある。

　以上を踏まえ、定款変更に関する提案内容について、これを内容によって仮に２以上の議案とみた上、当該２以上の議案について異なる議決がされたとすれば当該議決の内容が相互に矛盾する可能性がある場合には、当該各内容を別議案と考えず、一つの議案とみなすこととされた（改正法305条４項４号。**図表２－４**）。

【図表２－４：議案の数の数え方～定款変更議案～】

議案の種類	根拠条文	議案の数の数え方
定款変更議案	改正法305条４項４号	２以上の議案とみて、異なる議決がされたとすれば当該議決の内容が相互に矛盾する可能性がある場合には当該各内容を別議案と考えず、一つの議案とみなす

　例えば、監査役設置会社の株主が監査等委員会の設置及び監査役の廃止を内容とする定款の変更に関する議案を提案する場合には、監査等委員会設置会社は監査役を置いてはならないこととされていることから（会社327条４項）、監査役の廃止は当然に予定されているということができるとともに、この内容を二つの議案とみると、監査等委員会の設置が可決され、監査役の廃止が否決された場合、議決の内容が相互に矛盾する。したがって、この場合は、監査等委員会の設置及び監査役の廃止を内容とする定款変更に関する議案は一つの議案とみなされる。

(リ)　上限数を超える提案がなされた場合の10の議案の選択方法　　株主が提案した議案数が上限である10を超えている場合（例えば、15議案の提案）、取締役は、原則として当該上限を超える数（５）に相当する数の議案を拒絶した上で、当該上限までの数の議案についてのみ内容の適法性を検討し、その中から適法な議案のみを採用すれば足りる。

　そして、当該上限までの数の議案（内容の適法性を検討する対象となる議案）の選択は、提案株主ではなく、提案を受けた取締役がその判断で決定できる（改正法305条５項本文）。この取締役による決定については、実務上、株式取扱規則等で定めておくことが考えられる。

　ただし、株主が提案議案の相互間の優先順位を定めている場合には取締

役はその順位に従わなければならない（改正法305条5項但書）。

④　不適切な内容の提案の制限の内容及び改正が見送られた経緯

　以上に述べた提案議案数による制限とは別に，令和元年10月18日，第200回国会（臨時会）に提出された「会社法の一部を改正する法律案」及び「会社法の一部を改正する法律の施行に伴う関係法律の整備等に関する法律案」には，提案された議案の内容に基づいて株主提案権が制限される場合も定められていた。

　具体的には，(i)株主が，専ら人の名誉を侵害し，人を侮辱し，若しくは困惑させ，又は自己若しくは第三者の不正な利益を図る目的で行う場合，(ii)株主総会の適切な運営が著しく妨げられ，株主の共同の利益が害されるおそれがあると認められる場合には，株主提案権の行使を制限することとされていた。

　しかしながら，衆議院法務委員会では，野党側より，企業側が恣意的に株主提案を拒否できる可能性がある，株主提案権の濫用事例は実際にはほとんど見られないといった指摘が相次いだことや，参考人質疑において，法制審議会部会長が論理的には権利濫用に当たらなくても株主提案を拒絶できる可能性がある旨の答弁をしたことを踏まえて，与党側が修正に応じた結果，不適切な内容の提案の制限に関する改正は見送られた。

　実務への影響については2(1)②において後述する。

⑤　その他の要件の見直しの要否についての検討経過

　改正過程における中間試案においては，株主提案権の形式的要件のうち，持株要件（300個以上の議決権）の見直し（引上げ又は削除），行使期限（株主総会の日の8週間前まで）の見直し（引上げ又は削除）が検討されていた。

イ　持株要件について

　株主提案権の行使についての300個以上の議決権という持株要件の見直しは見送られることとなった。

　立法過程では，300個以上の議決権という持株要件の削除又は引上げをすべきであるという意見として，実態として，300個の議決権と総株主の議決権の100分の1の価値が著しくかい離していること，100分の1を大きく下回る議決権しか有しない株主からの提案に対する賛成割合は低いにもかかわらず，そのような提案のために株主総会の審議時間の相当割合を占めることにより，株主

総会の適切な運営が妨げられていることなどが挙げられていた。

　しかし，中間試案に関するパブリックコメントにおいて，300個以上の議決権という持株要件の削除又は引上げは，個人株主による株主提案権の行使を過度に制限してしまうおそれがあり，300個以上の議決権という絶対的な基準が設けられた趣旨に反すること，提案することができる議案の数の制限などの導入によって株主提案権の濫用的な行使は一定程度排除することができると考えられるため，重ねて持株要件を見直す必要性は乏しいこと，持株要件の見直しを基礎付けるだけの立法事実が存在しないことなどを理由として反対する意見が多数であったことから改正は見送られた。

ロ　行使期限について

　株主提案権の行使期限の見直しについても見送られることとなった。

　立法過程では，株主提案権の行使期限を改正前よりもより前倒しすべきであるという意見が出され，その理由として，株主総会の招集通知の早期発送や発送前開示に取り組む上場企業が増加している中で，現行法における行使期限を前提とすると，提案株主が株主提案権の行使要件を満たしているか否かについての確認，提案内容の検討及び取締役会としての意見の作成等の各種準備作業のための十分な期間を確保することができないこと，株主提案権が行使期限直前に行使され得ることが株主総会の招集通知の早期発送を妨げる要因の一つとなっていることなどを理由として挙げられていた。

　しかし，中間試案に対するパブリックコメントにおいて，改正前会社法における株主提案権の行使期限を前提としても株式会社の準備期間が必ずしも短過ぎるとはいえず，行使期限の見直しを基礎付けるような立法事実が認められないこと，行使期限の前倒しによって株主が株主提案権を行使するか否か及びその内容の検討についての十分な検討期間を確保することができなくなること，さらに，今回の会社法改正により株主総会資料の電子提供制度が活用されれば印刷及び郵送の作業の時間が短縮されるため，前倒しは不要であることなどを理由として反対する意見が多かったため，改正は見送られた。

(2)　議決権行使書面の閲覧・謄写請求等

①　議決権行使書面の閲覧・謄写請求等に関する改正内容の概要

　議決権行使書面の閲覧謄写請求は，株主の意思に基づかない議決権行使や，議決権行使書面による投票が採決に正確に反映されないといった瑕疵のある処

理を防ぎ，株主総会の決議が適法かつ公正にされることを担保するための制度である。実務上は，株主総会後に，株主が株主総会の決議の取消し等を，訴えをもって請求するためにも必要となる手続的権利である。

ところで，これまで会社法では，議決権行使書面の閲覧謄写請求については，株主名簿の閲覧謄写請求と異なり，株主がその理由を明らかにする必要はなく，拒絶事由も明文で定められていなかった（改正前会社311条4項，会社125条参照）。

しかし，実際には，株式会社の業務の遂行を妨げる目的など，正当な目的以外の目的で議決権行使書面の閲覧謄写請求権が行使されている場面があるとも考えられている。具体的には，株式会社において長期間に及ぶ対応を要する閲覧謄写請求が頻繁になされ，業務への多大な負担が生じた事例や，議決権行使書面の閲覧謄写によって取得した情報に基づき，過去に自らが提案した株主提案議案に賛成した他の株主を特定し，当該他の株主に株主提案の共同提案者となることや経済的な支援の依頼がされたことについて，当該他の株主から株式会社に対して抗議がされた事例が挙げられる。このような議決権行使書面の閲覧謄写請求権の行使により弊害が生じているのであれば，その行使は制限することが適当である場合もあると考えられる。

他方で，会社法上，株主の住所は議決権行使書面に記載すべき事項とされていないものの（会施規66条1項参照），実務上，議決権行使書面には，株主の氏名及び議決権数に加えて，住所が記載されていることが通常である。そのため，株主名簿の閲覧謄写請求が拒絶された場合に，株主の住所等の情報を取得する目的で，議決権行使書面の閲覧謄写請求が利用されている可能性があるとの指摘もなされている。

そこで，改正法は，議決権行使書面の閲覧謄写請求に際しては，株主は，当該請求の理由を明らかにしてしなければならないものとし（改正法311条4項），株式会社は，一定の拒絶事由に該当する場合には，これを拒むことができるものとした（改正法311条5項）。具体的には，株主名簿の閲覧謄写請求に関する扱いと同様の規定を新設した。

② 議決権行使書面の閲覧・謄写請求
イ 請求理由の明示
株主が議決権行使書面の閲覧謄写請求をする場合においては，当該請求の理由を明らかにしてしなければならない（改正法311条4項）。これは，請求理由

第2章　株主提案権及び議決権行使書面の閲覧・謄写請求等　　53

を明らかにさせることで，拒絶事由の有無の判断を株式会社が行うのを容易にすることにある。かかる趣旨からすれば，当該請求の理由としては，閲覧謄写に関する具体的な目的を掲げることを要すると考えられる。

ロ　拒絶事由

(イ)　内容　　議決権行使書面の閲覧謄写請求に関する具体的な拒絶事由は，以下の4つである（**図表2−5**）。

A　当該請求を行う株主がその権利の確保又は行使に関する調査以外の目的で請求を行ったとき（改正法311条5項1号）

B　当該請求を行う株主が当該株式会社の業務の遂行を妨げ，又は株主の共同の利益を害する目的で請求を行ったとき（改正法311条5項2号）

C　当該請求を行う株主が議決権行使書面の閲覧又は謄写によって知り得た事実を利益を得て第三者に通報するため請求を行ったとき（改正法311条5項3号）

D　当該請求を行う株主が，過去2年以内において，議決権行使書面の閲覧又は謄写によって知り得た事実を利益を得て第三者に通報したことがあるものであるとき（改正法311条5項4号）。

【図表2−5：議決権行使書面の閲覧謄写請求に関する具体的な拒絶事由】

	要　件	根拠条文
A	当該請求を行う株主がその権利の確保又は行使に関する調査以外の目的で請求を行ったとき	改正法311条5項1号
B	当該請求を行う株主が当該株式会社の業務の遂行を妨げ，又は株主の共同の利益を害する目的で請求を行ったとき	改正法311条5項2号
C	当該請求を行う株主が議決権行使書面の閲覧又は謄写によって知り得た事実を利益を得て第三者に通報するため請求を行ったとき	改正法311条5項3号
D	当該請求を行う株主が，過去2年以内において，議決権行使書面の閲覧又は謄写によって知り得た事実を利益を得て第三者に通報したことがあるものであるとき	改正法311条5項4号

なお，株主名簿の閲覧謄写請求と異なり，請求者の範囲に，債権者は含まれない。

(ロ)　拒絶事由のAについて　　議決権行使書面の閲覧謄写請求を行う株主がそ

の権利の確保又は行使に関する調査以外の目的で請求を行ったときを議決権行使書面の閲覧謄写請求についての拒絶事由の一つとしている。

なお，立法過程では，調査目的に関して，より広く議決権行使書面の閲覧謄写請求に対する拒絶事由を認め，株主が株主総会の招集の手続又は決議の方法（書面による議決権の行使に関するものに限る）に関する調査以外の目的で請求を行うことを全て拒絶できるとする案も示されていた。しかしながら，同請求については，議決権行使書面の備置期間である当該株主総会の日から3カ月間に限り認められると考えられ，また，閲覧謄写請求権者も，株主総会において決議をした事項につき議決権を行使することができた株主に限られていることから，一定の制約がすでに設けられている。そして，これまで認められてきた株主による権利行使を，権利の濫用として制限することについては，慎重な検討が必要であるという指摘もされた。その結果，上記案については採用が見送られた。

(ハ) 拒絶事由のBCDについて　議決権行使書面の閲覧謄写請求についても，株主名簿の閲覧謄写請求と同様，株式会社の業務の運営又は株主共同の利益を害する目的での閲覧謄写請求権の行使や，閲覧謄写により知り得た事実をいわゆる名簿屋等に売却するなどのための閲覧謄写請求権の行使は，権利の濫用として認められないと考えられる。そこで，株主名簿の閲覧謄写請求についての拒絶事由を定めた会社法125条3項2号から4号までの規律と同じ事由を議決権行使書面の閲覧謄写請求についての拒絶事由として掲げている。

ハ　電磁的方法により提供された議決権行使書面に記載すべき事項の閲覧・謄写請求

改正会社法は，電磁的方法により提供された議決権行使書面に記載すべき事項の閲覧謄写請求（改正法312条5項）についても，議決権行使書面の閲覧謄写請求と同様の規律を設けている（改正法312条5項・6項）。

③　代理権を証する書面の閲覧・謄写請求

改正法は，代理権を証明する書面及び電磁的方法により提供された当該書面に記載すべき事項の閲覧謄写請求（改正法310条7項）についても，同様の規律を設けている（改正法310条7項・8項）。

2 実務への影響

(1) 株主提案権

① 議案の数の制限について

改正法では，株主提案における，議案の通知請求権（会社305条）の対象となる議案の数の制限について明文で定められることになった。

イ 基準数を超える株主提案に対する抑制効果

その結果，株主総会のかく乱を目的した膨大な数の株主提案を含めて基準数を超える株主提案権の行使への抑制が期待され，これにより，企業が多大な時間とコストを負担したり，株主総会の審議における株主の利益が害されたりするリスクは低減すると考えられる。

ロ 決議取消訴訟との関係

会社法下では，会社提案に係る議題が存在する場合において，株主が適法に行った議案要領通知請求権（会社305条）を無視してなされた議題に関する決議は取消請求の対象になると解されていたところ（江頭憲治郎『株式会社法』337頁〔2017年，第7版，有斐閣〕），この点は変わらないと考えられる。

したがって，改正法下においても，議題が存在する場合において，議案の数の制限に該当しない議案要領通知請求権（改正法305条4項本文）が行使されたにもかかわらず，株主提案の内容を招集通知ないし株主総会参考書類に記載しなかった場合，会社法831条1項1号により招集手続及び決議方法の法令違反として，株主提案に対応する議題に関する決議取消事由になる可能性があると考えられる。

他方，会社提案に係る議題が存在しない場合において，議題提案権（会社303条）及び議案の数の制限に該当しない議案要領通知請求権（改正法305条4項本文）が行使されたにもかかわらず，株主提案が数の条件を超えるとして招集通知ないし株主総会参考書類に記載しなかった場合はどうか。

この点，会社法下では，株主が行使した議題提案権及びその内容が適法であるにもかかわらず（会社303条），会社がこれを無視して株主総会の議題としなかった場合であっても，当該議題に関する決議がなされていない以上，原則として決議取消事由とはならないと考える見解が有力であった（東京地裁昭和60

年10月29日金判734号23頁）。そして，無視された「①事項が株主総会の目的である事項（議題）と密接な関連性があり，株主総会の目的である事項（議題）に関し可決された議案を審議する上で株主が請求した事項についても株主総会において検討，考慮することが必要かつ，有益であったと認められるときであって，②上記の関連性のある事項を株主総会決議の目的（議題）として取り上げると現経営陣に不都合なため，会社が現経営陣に都合のよいように議事を進行させることを企図して当該事項を株主総会において取り上げなかったときに当たるなど，特段の事情が存在する場合」（HOYA株主総会決議取消請求事件控訴審判決・東京高裁平成23年9月27日判決資料版商事法務333号39頁）に限り，現に決議された議案について決議取消事由があると解するのが相当とされている。そうすると，会社側が議案数の制限を故意または過失によって誤った場合に，かかる特段の事情に該当するかが問題となろう。

ハ　会社が適否を判断する手続

　濫用的な株主提案権の行使が明文で禁止された以上，株式会社は，提案された議案が濫用的なものかどうかの要件に該当するかどうかを判断する必要がある。

　株主提案による議案の数の制限は，規範的評価を伴わない通常の要件である事実要件であるため，比較的客観的かつ一義的な判断が容易であるように思われる。しかし，定款変更に関する提案内容に関する2以上の議案については，当該2以上の議案について異なる議決がされたとすれば当該議決の内容が相互に矛盾する可能性がある場合には，当該各内容を別議案と考えず，一つの議案とみなすこととされており（改正法305条4項4号），議決の内容が相互に矛盾するか否かを判断する必要がある。

　なお，株主が，①株主提案に係る議案が招集通知に記載されず（前々期株主総会），②提案に係る議案の削減を強要され，これに応じて削減したにもかかわらず残る議案のうち一部が招集通知に記載されず（前期株主総会），③提案に係る議案の内容が改変されて招集通知に記載された（当期株主総会）ことにより，株主提案権が侵害され損害が発生したと主張して，各株主総会ごとに役員に対し，連帯して損害賠償請求（会社429条1項，民709条）を行った事案では，株主提案権の行使そのものを権利濫用ということはできず，財産権として保護されるべきであるとし，結論として②の前期取締役の損害賠償責任を認めた事案もある（HOYA損害賠償請求事件東京地裁平成26年9月30日金判1455号8頁）。

ただし，控訴審（東京高判平成27年5月19日金判1473号26頁）は株主提案権の行使を権利濫用に該当すると判断した上で取締役の損害賠償責任を否定している。

ニ　会社が不適法と判断した場合の処理

会社が不適法と判断した場合には，議案の要領を招集通知に記載しないことになる。

これに対し，株主としては，株主提案権を不当に拒絶されたと主張して，株主総会開催前であれば，①議案要領を株主総会招集通知に掲載するように求める仮処分命令の申立て（又は，不当拒絶しない不作為を求める仮処分命令の申立て）を行うことが考えられる。また株主総会開催後であれば，②株主提案権の行使を無視した株主総会決議には，招集手続又は決議の方法に法令違反があるとして株主総会決議取消しの訴え（会社831条1項1号），③株主提案権を不当に拒絶した株式会社に対する不法行為に基づく損害賠償請求，④役員（不当に拒絶することを業務執行として又は取締役会において決定した取締役及び当該取締役の決定を認容放置した監査役）の第三者である株主に対する対第三者責任に基づく損害賠償請求（会社429条1項）等を提起する可能性がある。また，適法な議案通知請求を無視して株主に通知しなかった場合には，100万円以下の過料に処せられる（会社976条2号）。

そのため，従来と同様，会社として明白に不適法と判断する場合は別として，実務上は，株主に連絡を取り，撤回，訂正，修正を求めることが考えられる。

会社としては，事後的に紛争になる可能性を見据えて，やり取りを記録化するのが安全である。また，書面により意図を伝えた上で，株主総会招集通知の発送等について時間的制限があることを踏まえて期限を付して回答を求めるべきである。

②　改正が見送られた不適切な内容の議案の提案の制限について

改正法では，株主による不適切な内容の提案に関する制限規定の明文化は見送られた。

その経緯については1(1)④に記載したとおりであるが，濫用的な株主提案権の行使ではないにもかかわらず，会社側が事実上株主提案権を制限する可能性が懸念されたために過ぎず，濫用的な株主提案権の行使が違法であるという前提に変わりはないと考えられる。

したがって，本改正により，株主による不適切な内容の提案が無制限に許さ

れることになったわけではないと考えられる。

　会社法下では，株主提案権にも，一般原理である権利濫用法理が適用され（民１条３項），濫用的な行使は認められないと解されており，裁判例では，主として，当該株主の私怨を晴らし，あるいは正当な株主提案権の行使とは認められないような目的がある場合や，株主提案に係る議題，議案の数や提案理由の内容，長さによって，会社又は株主に著しい損害を与える場合には，権利濫用に該当する場合があり得ると判断したもの（東京高決平24年５月31日資料版商事法務340号30頁），株主提案に至る経過，目的等を考慮して，具体的な事実関係の下で株主提案権の行使が権利濫用に該当すると判断されていた（東京高判平成27年５月19日金判1473号26頁）。

　改正法下では，明文の規定により，①株主が，専ら人の名誉を侵害し，人を侮辱し，若しくは困惑させ，又は自己若しくは第三者の不正な利益を図る目的で行う場合，②株主総会の適切な運営が著しく妨げられ，株主の共同の利益が害されるおそれがあると認められる場合に株主提案権の行使を制限することは見送られたが，上記裁判例に照らして，株主提案権の濫用と認められる可能性はあると考えられる。

　会社としては，今後も上記裁判例に照らし，株主による不適切な内容の制限に該当するか否かを検討する必要がある。

　不適切な内容の議案の提案の制限は，その内容が規範的な要件であるため，会社としては，要件に該当するかどうかを慎重に判断する必要があり，法律を根拠に株主提案権の行使を拒絶することは，不当性が真に明白な場合に限られると考えられる。会社としては，弁護士等の意見書を取得した上で，慎重に審議，判断することが望ましい。

　また，会社法下では，株主総会の場で適法な株主提案権が提出されたにもかかわらず，これを無視して議事を進めた場合，決議方法に法令違反があるか，著しく不公正であるとされ，決議取消が認められる可能性があったが（チッソ株主総会決議取消請求事件（最高裁昭和58年６月７日判決・民集37巻５号517頁），この点は改正法下でも変わらないものと解される。

　したがって，改正法下において，議案数の制限の対象とならない株主提案権（会社304条本文：修正動議）を無視した場合には決議取消事由になる可能性がある。

(2) 議決権行使書面の閲覧・謄写請求等

① 会社が適否を判断する手続

　会社は株主より明示された請求の理由を元に（改正法311条4項），拒否事由の該当性を判断することになる（改正法311条5項）。そのため，会社は，株主に請求の理由を明示させるに際して，株式取扱規程等を整備した上，議決権行使書面の閲覧謄写請求の書式を予め作成して交付することが考えられる。

　また，拒絶事由該当性の判断に当たっては株主名簿閲覧請求の解釈を参考にすべきであると考えられる。

　まず，株主が，株主総会の招集の手続又は決議の方法に関する調査を目的として閲覧謄写を請求する場合に限られず，株主が少数株主権の行使のために必要な持株要件を満たすために他の株主を募る目的や，株主総会の議案について委任状の勧誘を行う目的で，閲覧謄写を請求した場合であっても，「当該請求を行う株主がその権利の確保又は行使に関する調査以外の目的で請求を行ったとき」（改正法311条5項1号）や他の拒絶事由には該当しないと考えられる。

　他方，株主名簿の閲覧謄写請求についての拒絶事由を定めた会社法第125条第3項第2号から第4号までは，株式会社の業務の運営又は株主共同の利益を害する目的での閲覧謄写請求権の行使や，閲覧謄写により知り得た事実をいわゆる名簿屋等に売却するなどのための閲覧謄写請求権の行使は，権利の濫用として認められないとするものであり，その趣旨は，議決権行使書面の閲覧謄写請求についても妥当すると考えられる。したがって，このような場合には，請求者が当該株式会社の業務の遂行を妨げ，又は株主の共同の利益を害する目的で請求を行ったとき（改正法311条5項2号）や請求者議決権行使書面の閲覧又は謄写によって知り得た事実を利益を得て第三者に通報するため請求を行ったとき（改正法311条5項3号），請求者が，過去2年以内において，議決権行使書面の閲覧又は謄写によって知り得た事実を利益を得て第三者に通報したことがあるものであるとき（改正法311条5項4号）に該当すると考えられる。

② 議決権行使書面の閲覧・謄写手続

　議決権行使書面の謄写の手続は，株主名簿の場合と同様，あくまでも株主自らが謄写することを認めただけであり，会社に対し，謄写したり，これを手伝ったり，会社のコピー機を使用したりすることまでは求めることができず，

会社も応じる必要はないと考えられる。実務上は，株主が持参したデジタルカメラによる撮影やハンディコピー機による謄写を認める例が多い。

　もっとも，議決権行使書は膨大になることが多く，書類や会議室が長時間にわたり使用できなくなる可能性があり，担当者の立会の時間も他の業務に充てる方が会社にとり望ましい場合があることから，会社の判断で複写を認めることもあり得る。

　議決権行使書面に関する閲覧・謄写手続の詳細については，株式取扱規程等に定めている会社が多いが，改正法を踏まえて内容を見直す必要がある。例えば，議決権行使書面の閲覧・謄写請求を行う場合には請求の理由を明らかにする必要があること（改正法311条4項），拒絶事由に該当する場合には閲覧・謄写請求を拒絶すること（改正法311条5項），会社が拒絶事由の有無を判断できる程度に利用目的を特定する必要があること等を明記することが想定される。

第3章

取締役の報酬関係

1　改正の内容

〈改正のポイント〉

取締役の報酬等の決定方針，株式・新株予約権を活用した報酬設計，
情報開示の各規定の整備充実

　これまで取締役の報酬等の額や算定方法の決定方針等を決定しなければなら
ないのは指名委員会等設置会社だけであったが，それ以外の会社においても一
定の会社にはこれを求めることとして報酬決定に関する透明性を高めるととも
に，株式・新株予約権を取締役の報酬として発行する場合に金銭等の振り込み
を要しないこととするなど，報酬設計の柔軟化・多様化を図る改正がなされた。

(1)　旧法における論点と指摘

　取締役の報酬等は，取締役に対して適切なインセンティブを付与するための
手段である一方，透明性の求められる事項であるから，コーポレート・ガバナ
ンスにおける重要な仕組みのひとつとして位置付けられる。

　そして，近年では，取締役の報酬等と会社の業績とを連動させることが取締
役のインセンティブに大きく寄与することに着目し，取締役も株主をはじめと
するさまざまなステークホルダーと近い目線で会社の業績を注視することを求

める観点から，業績連動型報酬（Performance Share）制度を導入する企業が増加している。その内容は株式や新株予約権を活用するものが多いところ，具体的には，譲渡制限付株式を活用するもの，株式交付信託を利用するものなどが挙げられ，企業によってその導入方法は多種多様である。

しかし，従来の会社法では，業績連動型報酬を前提とした条項は置かれておらず，これを導入する際に会社法上どのような事項を決定するべきか，またどのような事項を開示する必要があるのかが必ずしも明らかではなかった。

他方で，業績連動型報酬制度に関する論点だけでなく，取締役の報酬等については会社との利益相反性の問題を孕んでいることから，報酬等の決定過程の公正性・透明性を確保する手立てを講じることが重要である。

そこで，会社法361条1項に基づく取締役の報酬等の決定に関する論点としてかねてより議論されてきた，取締役の個人別の報酬等の決定プロセスについても，改正会社法では大きく取り上げられることになった。

(2) 改正の視点と改正点の概観

① 取締役の報酬等の決定方針

イ 改正前会社法の規制

改正前会社法における取締役の報酬は，361条1項に基づき株主総会でその総枠を決定し，個人別の取締役の報酬の決定については取締役会の決議に一任するという実務が大半を占めている。さらに，取締役会においては，具体的な報酬の配分方法を多数決で決定する事例もあるが，配分方法を代表取締役に一任するという方法をとる場合が多い。こういった実務の下では，個別の取締役の報酬の決定過程が株主にとって不透明であるだけでなく，取締役が自己の報酬の決定過程に関与する機会がないがために取締役のインセンティブを引き出す上でも弊害となっているのではないかという指摘がされてきた。

この点，会社法施行規則119条2号は，株式会社が当該事業年度の末日において公開会社である場合には，「株式会社の会社役員に関する事項」を事業報告の内容に含めなければならないと規定し，同規則121条6号は，同事項として「各会社役員の報酬等の額又はその算定方法に係る決定に関する方針を定めているときは，当該方針の決定の方法及びその方針の内容の概要」と規定している。

しかしながら，改正前会社法では，同義務が課されるのは指名委員会等設置

会社のみであり，当該事業年度末日において指名委員会等設置会社以外の会社では同事項の記載を省略することができるとされている（会施規121条本文）。

これに対しては，指名委員会等設置会社以外の会社においても，各取締役の報酬の公正性・透明性確保の必要性は同じであることから，同方針を定めたときは株主に対する説明義務を課すべきであるとの指摘がされていた。そこで，改正会社法では，指名委員会等設置会社以外の一定の会社における取締役の報酬等の決定方針についての規定が追加的に置かれることとなった。

ロ　改正内容

改正会社法では，(i)監査役会設置会社（公開会社であり，かつ，大会社であるものに限る）であって，金融商品取引法24条1項の規定によりその発行する株式について有価証券報告書を内閣総理大臣に提出しなければならないもの及び(ii)監査等委員会設置会社の取締役会は，取締役（監査等委員である取締役を除く）の報酬等（会社361条1項）の内容として定款又は株主総会の決議による361条1項各号に掲げる事項についての定めがある場合には，当該定めに基づく取締役の個人別の報酬等の内容についての決定に関する方針として法務省令で定める事項を決定しなければならないものとされた（改正法361条7項本文）。ただし，取締役の個人別の報酬等の内容が定款又は株主総会の決議により定められているときは，当該決定は不要とされる（改正法361条7項但書）。

法務省令で定める事項については，詳細に過ぎると，会社に過大な負担を掛け報酬のインセンティブ化を阻害する等といった指摘があることから，取締役の個人別の報酬等についての報酬等の種類ごとの比率に係る決定の方針，業績連動報酬等の有無及びその内容に係る決定の方針，取締役の個人別の報酬等の内容に係る決定の方法（代表取締役に決定を再一任するかどうか等も含む）を例示的に規定することが想定されている。

また，この改正に伴い，監査等委員会設置会社において取締役会が取締役に委任することができない重要な業務執行の決定事項として，上記の改正会社法361条7項が規定する事項の決定が追加された（改正法399条の13第5項7号）。したがって，指名委員会等設置会社以外の会社であっても上記の各会社においては，取締役会で取締役の個人別の報酬等の内容についての決定方針を定めなければならないこととなった。

② 株式や新株予約権を活用した報酬制度

イ 定款又は株主総会決議によって定めなければならない事項

　すでに述べたように，近年，経営陣が株式価値について株主と同様の視点に立ち業績向上へのインセンティブを持つための報酬制度として，株式や新株予約権を活用した報酬制度の導入が議論され，その導入が進んだことにより，制度整備の必要性が高まってきた。その一方で，株式又は新株予約権を報酬等にすると，既存の株主の持株比率の低下や希釈化による経済的損失が生じる可能性がある。これらを受け，改正法では「報酬等のうち金銭でないものについては，その具体的な内容」を株主総会決議事項とする改正前会社法361条1項3号を修正し，取締役の報酬等のうち金銭でないものについて定款又は株主総会決議によって更に詳細な事項を定めることとされた。

　具体的には，改正法361条1項3号では，取締役の報酬等のうち金銭でないものについて，**図表3−1**に掲げる事項は，定款に当該事項を定めていないときは，株主総会の決議によって定めるものと規定されることとなった。

　会社法では，募集株式の発行には出資の履行が必要であるため（会社199条1項2号・208条1項等），実務上，報酬等として株式等を発行して付与する場合において，まず取締役に対して会社が報酬等として金銭報酬支払請求権を付与

【図表3−1：金銭でないものを報酬等とする場合の定款記載事項又は株主総会決議事項】

i	報酬等のうち当該株式会社の募集株式（199条1項に規定する募集株式をいう）については，当該募集株式の数（種類株式発行会社にあっては，募集株式の種類及び種類ごとの数）の上限その他法務省令で定める事項（改正法361条1項3号）
ii	報酬等のうち当該株式会社の募集新株予約権（238条1項に規定する募集新株予約権をいう）については，当該募集新株予約権の数の上限その他法務省令で定める事項（改正法361条1項4号）
iii	報酬等のうち当該株式会社の株式又は当該株式の取得に要する資金に充てるための金銭については，当該株式の数（種類株式発行会社にあっては，株式の種類及び種類ごとの数）の上限その他法務省令で定める事項（改正法361条1項5号イ）
iv	報酬等のうち当該株式会社の新株予約権又は当該新株予約権の取得に要する資金に充てるための金銭については，当該新株予約権の数の上限その他法務省令で定める事項（改正法361条1項5号ロ）
v	報酬等のうち金銭でないもの（当該株式会社の株式及び新株予約権を除く。）については，その具体的な内容（改正法361条1項6号）

し，これを現物出資させるか又は出資債務と相殺することによって出資の履行を行うとする取扱いが多く行われてきた。この場合，金銭報酬として付与される面からみると，改正前会社法361条1項3号の事項に該当しないため，報酬等の内容として定款又は株主総会でどのような内容を定めるべきか不明確な面もあった。しかし，実態として金銭以外の報酬等が付与されることから，その必要性・合理性を株主に説明させるという同条の趣旨をこの場合にも同様にあてはまるとの指摘がされてきた。そのため，改正法は当該指摘を踏まえた内容となっている。

改正会社法361条1項3号ないし5号には「法務省令で定める事項」との文言があるところ，当該事項として，立法過程では**図表3−2**に掲げる事項が挙げられている。

【図表3−2：改正会社法361条における法務省令委任予定事項】

Ⅰ	**株式報酬の場合**
ⅰ	一定の事項が生ずるまで当該株式を他人に譲り渡さないことを約した取締役に対して当該株式を交付することとするときは，その旨及び当該一定の事由の概要
ⅱ	一定の事由が生ずることを条件に当該株式を株式会社に無償で譲り渡すことを約した取締役に対して当該株式を交付することとするときは，その旨及び当該一定の事由の概要
ⅲ	ⅰ及びⅱに掲げる事項のほか，当該株式を交付する条件を定めるときは，その条件の概要
Ⅱ	**新株予約権報酬の場合**
ⅰ	会社法236条1項1号から4号までに掲げる事項
ⅱ	一定の資格を有する者が当該新株予約権を行使することができることとするときは，その旨及び当該一定の資格の内容の概要
ⅲ	ⅰ及びⅱに掲げる事項のほか，当該新株予約権の行使の条件を定めるときは，その条件の概要
ⅳ	会社法236条1項6号に掲げる事項
ⅴ	会社法236条7項に掲げる事項の概要
ⅵ	当該新株予約権を交付する条件を定めるときは，その条件の概要

なお，指名委員会等設置会社についても，同様に改正前会社法409条3項3号が改正された（改正法409条3項3号ないし6号）。ただし，もともと指名委員会等設置会社においては取締役の個別の報酬が決定されてきたので，**図表3−**

1のⅰにおいて「当該募集株式の数（種類株式発行会社にあっては，株式の種類及び種類ごとの数）の上限」とあるのは「当該募集株式の数（種類株式発行会社にあっては，募集株式の種類及び種類ごとの数）」とされ，同図表ⅱにおいて「当該募集新株予約権の数の上限」とあるのは「当該募集新株予約権の数」とされている。

ロ　取締役の報酬等である株式及び新株予約権に関する特則

　㋑　募集株式の発行　　前述のとおり，会社法では，199条１項２号等により，募集株式の付与には出資の履行が必要とされ，例外規定は置かれていなかったことから，出資に必要な金銭に係る金銭債権を役員に対して報酬等としてあらかじめ付与する取扱いがなされてきた。しかし，このような取扱いは技巧的で分かりにくいと指摘されており，役員報酬のために株式等を付与する場合に，金銭の払込みを要しないとする規定を導入する必要性が指摘されてきた。

　　このような議論を踏まえ，改正法では，金融商品取引所（金融商品取引法２条16項に規定する金融商品取引所をいう）に上場されている株式を発行している株式会社（以下，「上場会社」という）は，定款又は株主総会の決議による**図表３−１**のⅰに掲げる事項についての定めに従い株式又は自己株式を引き受ける者の募集をするときは，払込金額又はその算定方法（会社199条１項２号）及び払込期日又は払込期間（会社199条１項４号）を定めることを要しないものとするとの改正がなされた（改正法202条の２第１項）。上場会社のみ対象とされるのは，非上場会社では支配権確保のため株式報酬が濫用的に利用されるおそれがあるからである。

　　この場合，当該株式会社は，募集株式について**図表３−３**に掲げる事項を定めなければならないものとされる。これは，上場会社である指名委員会等設置会社においても，同様である（改正法202条の２第３項・１項）。

　　この点，**図表３−３**に掲げる事項を定めた場合における会社法199条３項の規定（有利発行の場合に株主総会で理由を説明しなければならない旨の規定）の適用については，同項中「第１項第２号の払込金額」とあるのは「出資の履行（第208条第３項に規定する出資の履行をいう。）を要しないこととすること」と，「有利な金額」とあるのは「有利な条件」と，「当該払込金額」とあるのは「当該条件」とするほか，所要の規定が整備される予定である（要綱第２部第１・１⑶（注１））。

第3章　取締役の報酬関係　67

【図表3-3：上場会社による改正会社法361条1項3号に従った募集株式について定めるべき事項】

i	取締役の報酬等（会社法361条1項に規定する「報酬等」をいう。）として当該募集に係る株式の発行又は自己株式の処分をするものあり，募集株式と引換えにする金銭の払込み又は第199条第1項第3号の財産の給付を要しない旨（改正法202条の2第1項1号）
ii	募集株式の割当日（改正法202条の2第1項2号）

　そして，この改正は株式等を取締役の報酬等として利用する場合に特化した改正であるため，**図表3-3**に掲げる事項についての定めがある場合には，定款又は株主総会の決議による**図表3-1**の i に掲げる事項についての定めに係る取締役（取締役であった者を含む）以外の者は，会社法203条2項の申込みをし，又は会社法205条1項の契約を締結することができないものとされる（改正法205条3項）。

　この場合，金銭の払込みを要しない募集株式の発行は有利発行に該当することから，有利発行に関する規制（会社199条2項・201条1項）を遵守する必要がある。また，株式等を取締役の報酬等として利用する以上，前述イのとおり，定款又は株主総会決議において，募集株式の数の上限その他法務省令で定める事項を定めておくことも必要である（改正法361条1項3号）。

　そして，金銭の払込みを要しないことから，募集株式の引受人は，割当日に株主となる（改正法209条4項）。

　なお，募集株式と引換えに金銭の払込みを要しない旨を募集事項として定めて行う株式の発行の際の資本金又は準備金として計上すべき額は，法務省令で定めることとされている（改正法445条6項）。立法過程では，当該額については，株主となる取締役が提供した役務の対価の額とすることが提案され，具体的な会計処理については，ストックオプション等に関する会計基準（企業会計基準8号）を参考に定めることが議論されている。

(ロ)　新株予約権の発行　　新株予約権は，払込金額0円で発行することができる（会社238条1項2号）。そのため，金銭を払い込むことなく，報酬等として新株予約権を取締役に交付することが可能だが，実務上は，新株予約権についても，株式と同じく，金銭を取締役の報酬等とした上で，取締役に募集新株予約権を割り当て，会社に対する金銭債権をもって相殺させ，

新株予約権を交付する方法が採られることがある。当該方法は，無償とするよりも，有利発行規制（会社238条３項）に該当しないことや税務上の処理が明確であることを理由に採用されている。この方法による場合，改正前会社法361条１項３号の事項を定款又は株主総会決議によって定める必要がないとする見解も存在するが，新株予約権の内容等を株主総会決議において決議する方が望ましく，無償の場合と有償発行して相殺する場合とで規律を異にすべきではない等といった指摘もなされていた。

また，新株予約権の行使価額は無償とすることが予定されていないため（会社236条１項２号），実務上，１円など低額に設定して，実質的に財産出資を要しない新株予約権を交付することが行われており，より端的に行使価額についても，無償とすることを認めるべきとの指摘があった。

そこで，改正会社法では，新株予約権についても募集株式の発行と同様に次のとおり改正された。

すなわち，上場会社は，定款又は株主総会の決議による**図表３－２のⅱ又はⅳに掲げる事項**についての定めに従い新株予約権を発行するときは，会社法236条１項２号に掲げる事項を当該新株予約権の内容とすることを要しないものとされる（改正法236条３項）。これは，上場会社である指名委員会等設置会社においても，同様である（改正法236条４項・３項）。この場合において，当該株式会社は，**図表３－４**に掲げる事項を，当該新株予約権の内容とするとともに，登記しなければならない（改正法911条３項12号，会社915条１項）。

この場合，定款又は株主総会決議において，報酬等のうち当該会社の新株予約権又は当該新株予約権の取得に要する資金に充てるための金銭について，当該新株予約権の数の上限その他法務省令で定める事項を定める必

【図表３－４：上場会社による改正会社法361条１項４号又は５号ロに従った新株予約権について定めるべき事項】

ⅰ	取締役の報酬等として又は取締役の報酬等をもってする払込みと引換えに当該新株予約権を発行するものであり，当該新株予約権の行使に際してする金銭の払込み又は236条１項３号の財産の給付を要しない旨（改正法236条３項１号）
ⅱ	定款又は株主総会の決議による図表３－１ⅱ又はⅳに掲げる事項についての定めに係る取締役（取締役であった者を含む。）以外の者は，当該新株予約権を行使することができない旨（改正法236条３項２号）

要がある（改正法361条1項4号・5号ロ）。

　なお，新株予約権の行使に際してする出資を要しない旨をその内容とする新株予約権の行使の際の資本金又は準備金として計上すべき額は，法務省令で定めることとされている（改正法445条6項）。立法過程では，当該額については，株主となる取締役が提供した役務の対価の額とすることが提案され，具体的な会計処理については，ストックオプション等に関する会計基準（企業会計基準8号）を参考に定めることが議論されている。

ハ　情報開示の充実～事業報告における開示に関する規定

　以上の改正内容に加えて，株主に対する情報提供の充実による透明性確保の観点から，会社役員の報酬等に関して，**図表3－5**に掲げる事項が公開会社における事業報告記載事項として追加されることが，法務省令の改正内容として予定されている（要綱第2部第1の1(4)）。

　図表3－5 iii 決定の委任に関して，実務では，個別の取締役の報酬等について，内容の決定を株主総会が取締役会に委任し，取締役会が代表取締役に再一任する場合がある。代表取締役への再一任は，取締役会の代表取締役に対する監督が及ばない可能性があること等を踏まえ，立法過程では，公開会社の取締役会が個別の取締役の報酬等に係る内容の決定を取締役に再一任する場合に株主総会決議を義務付ける案が検討されたが，強い反対意見もあり，改正は見送られた。しかしながら，公開会社における事業報告記載事項として，iii 取締役会の決議による報酬等の決定の委任に関する事項が予定されている。具体的には，再一任をしている旨，再一任の相手方，再一任している事項などを開示することが想定される。

　なお，2019年1月31日，企業内容等の開示に関する内閣府令が改正され，有価証券報告書に役員報酬に関する開示事項が追加されている。

【図表3－5：公開会社における会社役員の報酬等に関する事業報告記載事項】

i	報酬等の決定方針に関する事項
ii	報酬等についての株主総会の決議に関する事項
iii	取締役会の決議による報酬等の決定の委任に関する事項
iv	業績連動報酬等に関する事項
v	職務執行の対価として株式会社が交付した株式又は新株予約権等に関する事項
vi	報酬等の種類ごとの総額

2 実務への影響

　今回の改正では，①取締役の報酬等の決定方針に関する規定の整備，②株式や新株予約権を活用した報酬設計に関する規定の整備，③取締役の報酬等に関する情報開示の充実が主軸となった。大きな方向性としては取締役のインセンティブ強化と，情報開示の充実による報酬制度の透明性確保を趣旨とするところ，法務省令に委ねられた事項が多く，現時点で詳細までは明らかになっていないが，これらの趣旨を担保するために，①については原則として取締役会決議が必要となった。また，②のうち金銭等でない報酬等については，より細分化した形で，株主総会又は定款で定めなければならないとする反面，報酬等が株式や新株予約権である場合の手続を一部簡略化することとした。③については，事業報告における実現が予定されている。したがって，取締役の報酬等に関しては，今後明らかになる法務省令の内容も踏まえ，取締役会決議，株主総会決議，定款変更その他の諸手続を適切に踏んでいく必要がある。

　また，株式や新株予約権を活用した報酬設計に関する規定が整備されたことに伴い，今後はますます多様なインセンティブ報酬制度の導入が検討されていくことが見込まれる。今回の改正内容は，各会社において個別の実情を踏まえた適正な報酬設計を模索する契機となり得ると考えられる。

第4章

役員責任関係

1 改正の内容

〈改正のポイント〉

会社補償の導入・D&O保険の明文化

　会社役員が「攻めの経営」を行えるよう会社補償制度を導入するとともに，これまで会社法上の規定がなかったD&O保険（役員等賠償責任保険）について明文化した。

---

(1) 背　景

　近時は，コーポレートガバナンス・コードの浸透に伴い，会社の持続的な成長と中長期的な企業価値の向上を図る「攻めのガバナンス」の強化に向けた体制が整備されつつある。

　このような中，会社役員は過度なリスク回避を行うことなく，攻めの経営判断を行うことが求められる。そのために，会社役員への適切なインセンティブを与える施策の一環として，会社補償契約及びD&O保険（役員等賠償責任保険）の導入及び改善が検討され，今回の改正に至った。

⑵　会社補償

①　会社補償とは

　会社補償とは，役員がその地位又は職務執行に関連して受けた損害賠償請求等の民事的請求，行政調査，刑事訴追等に関連して負担する損害賠償責任額や争訟費用等を，会社が役員に対して補償することをいう。

②　会社補償制度の会社法上の明文化

イ　会社補償制度導入の必要性

　会社法上の制度として会社補償制度の導入が求められる理由は，主に次の2点である。

　一つは，役員に適切なインセンティブを付与することである。

　近年役員に対する責任追及の状況が変化しつつあり，会社よりも役員個人をターゲットとする方が効果的との戦略的な理由で役員個人を被告とする訴訟が生じている。また，会社の事業のクロスボーダー化によって，国際カルテル等を理由に各国の当局から個人責任が追及される等，従来に比べて，役員個人のリスクが多様化し，高まっている。

　その結果，役員がその職務執行についての損害賠償責任追及のリスクを回避しようとして過度に萎縮した経営判断を行うおそれがあるため，役員に対する不当な損害賠償責任追及に係る費用を会社が補償して，役員の負担を軽減し，適切なインセンティブを付与するという意義が認められる。

　二つ目は，優秀な外国人人材の確保である。

　日本企業の多くが海外市場を求めて海外進出している中，人材獲得競争の中で有能な人材を確保するために，他の外国企業が提供する補償内容と同等の内容の補償をする必要がある。

ロ　明文化の背景

　上記イのような必要性があるとはいえ，会社補償は，その運用の在り方によって，役員の無責任な経営姿勢を助長することにもなりかねない面がある。

　また，会社補償自体は，これまでも，会社と役員間の補償契約を締結し，会社法330条に基づく民法650条（受任者による費用等の償還請求等）の解釈により運用することも可能であったが，会社法上は，会社補償の手続や認められる範囲等についての規定がなく，その点が不明確な状況にあるため，現在の運用を

第4章　役員責任関係　73

否定する裁判例が現れた場合には実務に混乱を来す可能性がある。

　そこで，会社補償の適切な運用を可能にするべく，役員と会社間の補償契約に関し明確な規律を会社法に設け，法的安定性を図るために本改正がなされた。

③　改正の概要
イ　対象者
　会社補償の対象者は，「会社法第423条第1項に規定する役員等」とされており，取締役，会計参与，監査役，執行役及び会計監査人がこれに含まれる。
ロ　対象となる費用
　会社補償の対象となる費用は，争訟費用と損害賠償金又は和解金である。
　(イ)　争訟費用　　改正会社法において，会社補償の対象の一つとして，役員等が，その職務の執行に関し，法令の規定に違反したことが疑われ，又は責任の追及に係る請求を受けたことにより要する費用，いわゆる争訟費用が定められた（改正法430条の2第1項1号）。

　　争訟費用については，役員等が善意無重過失であるかどうかを問わず補償ができるとされており，役員等が勝訴した場合でなくとも補償の対象に含まれる。

　　これについて，立法過程では，役員の善意無重過失を要件とすべきとする意見も出されたが，争訟費用の補償が必要となる訴訟等の進行過程では，会社が役員等の悪意・重過失を判断することは通常難しい。

　　また，実際の運用としても，結果として役員等が補償を受ける権利を有しないと判断された場合には費用を返還する旨の確約書をあらかじめ差し入れることを条件として，会社が争訟費用を前払いすることが多く，これは，アメリカのデラウェア州会社法（DGCL：Delaware General Corporation Law）上の会社補償においても許容されている（DGCL145条(e)）。

　　そこで，改正会社法は，争訟費用は「通常要する費用」（改正法430条の2第2項1号）の範囲で役員等の善意無重過失を問わず補償することとした。そして，補償実行後に，当該役員が自己若しくは第三者の不正な利益を図り，又は株式会社に損害を加える目的で職務を執行したことを知ったとき，株式会社は補償した金銭の返還請求をできるとした（改正法430条の2第3項）。

　(ロ)　損害賠償金・和解金　　役員等が損害賠償金又は和解金を負担したこと

に伴う損失の補償の場面は，手続費用である争訟費用の補償と異なり，裁判所の終局的な判断がある場面や和解を前提としている。

その場合，役員等の善意無重過失の判断も可能となるから，これらの補償について，①株式会社が損害賠償金又は和解金を賠償するとすれば当該役員等が株式会社に対して会社法423条１項の責任を負う場合（改正法430条の２第２項２号），及び②当該役員が職務執行について悪意又は重過失である場合（改正法430条の２第２項３号）を除外している（**図表４－１**参照）。

【図表４－１：会社補償の対象となる費用】

	補償できる範囲等	補償できない範囲等
争訟費用関係	・争訟費用＝役員等がその職務の執行に関して法令の規定に違反したことが疑われ，又は責任の追及に係る請求を受けたことに対処するために支出する費用（改正法430条の２第１項１号） ・ただし，通常要する費用の範囲内（改正法430条の２第２項１号参照）	・争訟費用のうち，通常要する費用の額を超える部分（改正法430条の２第２項１号）
損害賠償金・和解金関係	役員等が，その職務の執行に関し，対第三者責任を負う場合における次に掲げる損失（改正法430条の２第１項２号） ・役員等が損害賠償することにより生じる損失（改正法430条の２第１項２号イ） ・役員等が和解金を支払うことにより生じる損失（改正法430条の２第１項２号ロ）	・株式会社が損害賠償することにより役員等が対会社責任を負う場合には，損失のうち同責任に係る部分（改正法430条の２第２項２号） ・役員等がその職務を行うにつき悪意又は重過失があったことにより対第三者責任を負う場合には，損失の全部（改正法430条の２第２項３号）

ハ　補償契約に関する決定手続

改正会社法は，役員等と株式会社間の補償契約の内容を決定するには，株主総会決議，又は取締役会設置会社においては取締役会決議を要するとされた（改正法430条の２第１項）。

それとともに，補償契約の内容の決定について，監査等委員会設置会社において取締役に委任できない事項（改正法399条の13第５項12号），指名委員会等設

置会社において執行役に委任できない事項（改正法416条第4項14号）とされた。

　なお，立法過程では，補償契約の内容の決定時だけでなく，補償の実行の際にも株主総会決議又は取締役会決議を必要とするかどうかについて議論があったが，補償実行時の決議は採用されなかった。

　これは，補償の実行は契約上の義務の履行にすぎないから，また，補償の要件は満たしているのに取締役会決議等を得られないために補償を受けられない可能性があれば，役員等に対する萎縮効果に繋がると考えられたからである。

ニ　取締役会における報告義務

　補償契約が適正に実行されていることを確認するため，株主総会決議を経ていない取締役会設置会社においては，補償契約に基づく補償をした取締役及び当該補償を受けた取締役は，遅滞なく，当該補償についての重要な事実を取締役会に報告しなければならないものとされた（改正法第430の2第4項）。これは執行役についても同様である（改正法第430の2第5項）。

ホ　利益相反取引規制等の適用除外

　会社補償は，取締役の職務執行のための費用の支払という面からみれば，株式会社と取締役との間に利益相反関係はないとも考えられる。しかしながら，取締役が自己の責任に関する費用について会社財産から塡補を受けるという面を捉えれば，会社財産によって役員が利益を得る関係にあるため，利益相反の問題が指摘されてきた。

　そこで，改正会社法においては，会社補償の内容の決定について，株主総会決議（取締役会設置会社では取締役会決議）を必要とすることにより，実質的に利益相反規制も充足すると解されることから，別途利益相反取引規制は適用し

【図表4-2：補償契約の適用除外】

取締役又は執行役との補償契約において適用されない規定	
i	競業及び利益相反取引に係る承認及び取締役会での重要な事実の報告（改正法430条の2第6項，会社356条1項，365条第2項。これらを会社419条2項において準用する場合を含む）
ii	競業及び利益相反取引に係る対会社責任における任務懈怠の推定（改正法430条の2第6項，会社423条3項）
iii	取締役又は執行役の帰責事由なく任務懈怠が生じた場合における自己取引に係る対会社責任の非免責（改正法430条の2第6項，会社428条1項）
iv	自己契約及び双方代理の規定（改正法430条の2第7項，民法108条）

ない旨が規定された（改正法430条の2第6項）。

　かかる利益相反取引規制を含め**図表4−2**に掲げる規定は，株式会社と取締役又は執行役との間の補償契約については適用されない（改正法430条の2第6項・7項）。

ヘ　事業報告への記載

　補償契約で定めた補償については，改めて株主総会決議又は取締役会決議を経ることなく補償を実行できることから，濫用的な会社補償の実行を防止すべく，取締役会への報告だけでなく，株主への報告が求められている。具体的には，**図表4−3**の場合，**図表4−4**に掲げる事項を当該事業年度の事業報告の内容に含めるべきことが，法務省令の改正時に予定されているため，法務省令の改正に留意して開示に対応する必要が生じる（要綱第2部第1・2（注））。

　開示事項については，法制審議会において，補償金額等の情報の開示は，株主からの無用な訴訟リスクを上げることになる，あるいは，そのリスクを恐れて会社が役員等に正当な補償を行うことを躊躇するというデメリットも生じ得るとして，**図表4−4**のⅲ及びⅳの事項の開示に反対する意見も多かったが，

【図表4−3：事業報告への記載を要する場合】

会社補償について事業報告への記載を要する場合	
ⅰ	事業年度末日に公開会社である場合において，取締役又は監査役と株式会社との間で補償契約を締結しているとき
ⅱ	事業年度末日に会計参与設置会社である場合において，会計参与と株式会社との間で補償契約を締結しているとき
ⅲ	事業年度末日に会計監査人設置会社である場合において，会計監査人と株式会社との間で補償契約を締結しているとき

【図表4−4：事業報告への記載事項】

事業報告における会社補償に関する記載事項	
ⅰ	補償契約の当事者である役員の氏名
ⅱ	補償契約の内容の概要（補償契約によって役員の職務の適正性が損なわれないようにするための措置を講じているときは，その措置の内容を含む。）
ⅲ	役員に対して争訟費用を補償した株式会社が，当該事業年度に，争訟の対象である職務の執行に関する役員の有責又は法令違反を知ったときは，その旨
ⅳ	当該事業年度において，株式会社が役員に対して損害賠償金・和解金を補償したときは，その旨及び補償した金額

現時点ではそれらの事項も含めて開示事項とすることが予定されている。

　なお、会社が子会社の分も併せて保険契約を行っている場合は、親会社が被保険者として開示すればよいと考えられている。

(3)　役員等賠償責任保険（D&O保険）

①　D&O保険とは

　役員等が損害賠償責任を負担することに備えて締結される保険契約（役員等賠償責任保険契約）、いわゆるD&O保険（以下、「D&O保険」という）とは、一般に、役員等に対して、株主代表訴訟等の損害賠償請求がなされた場合に、その役員等が負担する損害賠償金等を、一定の範囲で補填する内容の会社と保険会社との間の契約をいう。

②　現状と問題点

　D&O保険は、役員等が損害賠償責任等を恐れて過度にその職務の執行が萎縮することを防止し適切なリスクテイクを促す効果や、会社が優秀な人材を確保しやすくなるという効果が期待されている点で、会社補償制度と同様の意義を有するところ（前記(2)②イ参照）、実務上、上場会社を中心に広く普及している。

　しかし、D&O保険は、会社と役員等との間の構造上の利益相反の問題や、保険契約の内容によっては、役員等にモラルハザードが生ずる危険性が指摘されてきたが、改正前会社法では、D&O保険に関する特段の定めは設けられておらず、D&O保険の会社法上の位置付けが不明確であり、D&O保険に関する契約締結のために必要な手続等に関する解釈も必ずしも確立されているとは言えなかった。

　そこで、改正会社法は、D&O保険について会社法上、明文の規定を設けることとし、その内容や手続の適正を担保することとした。

③　改正内容
イ　保険契約の対象範囲

　改正会社法の対象となる保険契約は、株式会社が保険者との間で締結する保険契約のうち役員等がその職務の執行に関し責任を負うこと又は当該責任の追及に係る請求を受けることによって生ずることのある損害を保険者が填補する

ことを約するものであって，役員等を被保険者とするものとされた（改正法430条の3第1項）。

　他方で，規制対象から除外する保険契約は，保険契約を締結することにより被保険者である役員等の職務の執行の適正性が著しく損なわれるおそれがないものとして法務省令で定めるものとされた（改正法430条の3第1項括弧書）。

　この点，「会社法制（企業統治等関係）の見直しに関する要綱」では，法務省令で定められるものとして，製造物賠償責任保険（PL保険），企業総合賠償責任保険（CGL保険），自動車賠償責任保険，海外旅行保険等に係る保険契約が挙げられている（要綱第2部第1・3①（注1））。立法過程では，自動車賠償責任保険やいわゆる通常の製造物賠償責任保険（PL保険）等に係る保険契約は，対象となる保険事故が限定されていることや，職務執行の適正性が損なわれるおそれが低いと考えられること，株式会社として業務執行上締結する必要性が高いことなどの理由から規律の対象から除外すべきであるとの意見が出された。その一方で，自動車賠償責任保険のように株式会社が一定の活動を行う場合に法律上加入することが強制されている強制保険は適用除外としても問題ないが，PL保険や企業総合賠償責任保険（CGL保険）等の任意保険は，株式会社が特約を付けるなど内容をある程度柔軟に設計できることから，職務執行の適正性が損なわれるおそれも一定程度あり得るとして，規律の全部又は一部を適用しないことには慎重な検討が必要との意見が出された。

ロ　D&O保険に関する決定手続

　改正会社法は，D&O保険の内容を決定するには，株主総会決議によらなければならず，取締役会設置会社においては取締役会決議によることとされた（改正法430条の3第1項）。

　また，D&O保険の内容の決定は，監査等委員会設置会社において取締役に委任できない事項（改正法399条の13第5項13号），指名委員会等設置会社において執行役に委任できない事項（改正法416条第4項15号）とされた。

ハ　利益相反取引規制等の適用除外

　D&O保険は，役員の損害賠償責任等の費用を補填する保険であることから，その保険料を株式会社が支払うことは，株式会社が役員に対して一定の財産上の利益を与えるという側面があり，これまでも，会社法上取締役会決議等の手続が必要とされる利益相反取引（会社356条1項2号・3号）として規制すべきとの問題意識が示されていた。

改正会社法は，これを受けて，D&O保険の内容決定に株主総会決議（取締役会設置会社の場合は取締役会決議）を要することとすることにより会社法上の問題は生じない旨を明確化した（改正法430条の3第1項）。その結果，利益相反取引規制の規定（会社356条第1項・365条第2項）が適用除外となることを明文化した。

かかる利益相反取引規制を含め**図表4-5**に掲げる規定は，株式会社と取締役又は執行役との間のD&O保険及び職務執行の適正性が著しく損なわれるおそれがないものとして法務省令で定める保険については適用されない（改正法430条の3第2項・3項）。

【図表4-5：D&O保険が不適用の規定】

取締役又は執行役とのD&O保険などにおいて適用されない規定	
i	競業及び利益相反取引に係る承認及び取締役会での重要な事実の報告（改正法430条の3第2項，会社356条1項，365条第2項。これらを会社419条2項において準用する場合を含む）
ii	競業及び利益相反取引に係る対会社責任における任務懈怠の推定（改正法430条の3第2項，会社423条3項）
iii	自己契約及び双方代理の規定（改正法430条の3第3項，民法108条）＊

＊　図表4-2：取締役又は執行役との補償契約において適用されない規定で挙げられていた「iii　取締役又は執行役の帰責事由なく任務懈怠が生じた場合における自己取引に係る対会社責任の非免責（改正法430条の2第6項，会社428条1項）」は含まれない。

ニ　事業報告への記載

株式会社が事業年度末日に公開会社である場合において，役員等賠償責任保険契約を締結しているときは，**図表4-6**に掲げる事項を当該事業年度の事業報告の内容に含めるべきことが，法務省令の改正時に予定されているため，法務省令の改正に留意して開示に対応する必要が生じる（要綱第2部第1・3（3の注））。立法過程では，保険契約の金額は，会社のリスク対処方法の根幹をなす会社の秘密事項であるなどの理由により開示事項とすべきでないとの意見が出され，保険料や保険金額などの具体的な金額は開示事項から除外された。

80

【図表４－６：事業報告の記載事項】

事業報告におけるD&O保険に関する記載事項	
ⅰ	D&O保険契約の被保険者
ⅱ	D&O保険の内容の概要（役員等による保険料の負担割合，塡補の対象とされる保険事故の概要及びD&O保険によって役員等の職務の適正性が損なわれないようにするための措置を講じているときは，その措置の内容を含む。)＊

＊　会社補償と異なり，D&O保険は保険者が損害を塡補するものであるため，図表４－４：事業報告における会社補償に関する記載事項で挙げられていた「ⅲ　役員に対して争訟費用を補償した株式会社が，当該事業年度に，争訟の対象である職務の執行に関する役員の有責又は法令違反を知ったときは，その旨」や「ⅳ　当該事業年度において，株式会社が役員に対して損害賠償金・和解金を補償したときは，その旨及び補償した金額」は含まれない。

④　D&O保険によって塡補される損害の範囲

　D&O保険は，具体的な範囲については会社が定めた保険契約の内容によるが，保険金により塡補される損害として，被保険者である役員がその職務の執行に関して法律上の損害賠償請求を受けたことによる争訟費用と損害賠償金が対象とされる。ここで，保険金の支払事由としては，当該役員が損害賠償責任を負うことまでは必要とされておらず，損害賠償請求の結果，役員が責任を負わないと判断された場合でも争訟費用が保険金により塡補されることとなる場合が多い。

イ　争訟費用

　争訟費用は，主に弁護士費用や手続費用である。

　一般的な約款上は，被保険者に対する損害賠償請求に関する争訟によって生じた費用で，保険会社が妥当かつ必要と認めたものをいう旨定められている。

　また，保険会社の約款上は，争訟費用について保険金の支払を受けるためには，役員が争訟費用を支払う前に，事前に保険会社の書面による同意を得なければならず，支払を受けられるのは，保険会社が同意した争訟費用の範囲となること等が定められていることに留意が必要である。

ロ　損害賠償金・和解金

　D&O保険における主な支払対象は，確定判決による損害賠償金と和解により合意された和解金である。なお，一般的な保険約款において，税金，罰金，科料，過料，課徴金等は損害賠償金に含まれず，保険金の支払対象とならないとされている。

第4章 役員責任関係 81

2 実務への影響

(1) 会社補償とD&O保険の関係

　会社補償とD&O保険は，いずれも役員に適切なインセンティブを与えるために，役員が損害賠償請求等の責任追及をされた場合の補償の機能を有する点で共通する。そのため，改正法は類似した規制を施している。

　他方で，会社補償は，D&O保険の場合に保険会社の約款によって課される免責事由等の制限がなく，会社ごとにその裁量で補償の内容を決定することができるとの相違があるが，主に次の点で会社補償については，その機能に限界がある。

　一つは，会社補償は，役員が株式会社に対して責任を負う場合，すなわち株主代表訴訟において敗訴した場合には適用されないと解されているため（改正法430条の2第2項2号参照），役員が株主代表訴訟で敗訴した場合には会社補償を利用することができない。

　次に，会社補償は，役員が支出する費用等を株式会社が役員に対して支払うものであるため，株式会社にその資力がない場合には事実上会社補償を受けられないこととなる。

　さらに，実際に役員が損害賠償請求された場合に，その事案に会社補償を適用できるどうか判断するのは株式会社の他の役員であるが，損害賠償額又は和解金について会社補償を適用する際に判断が必要とされる「重過失」（改正法430条の2第2項3号）の有無等の判断は時に困難であり，「重過失」はないとして会社補償を認めた役員の善管注意義務違反が問われる可能性がある。そのため，会社補償を認めるかどうかの判断をする役員がかかるリスクを懸念して，会社補償が機能しなくなる可能性がある

　以上を踏まえると，会社補償とD&O保険は**図表4－7**記載の点で異なり，D&O保険は会社補償の限界を補完する機能を有すると考えられる。したがって，改正会社法に基づく実務上，会社補償のみならず，D&O保険も併せて利用することが望ましい。

【図表4－7：会社補償とD&O保険の異同】

	会社補償	D&O保険
補償の内容	補償契約の内容として柔軟に設計が可能	約款上の免責事由や支払限度額等に制限あり
株主代表訴訟に敗訴した場合	補償されない	補償され得る
株式会社が破綻した場合	事実上，補償が受けられない	保険期間中の請求であれば補償され得る
対第三者責任において役員の職務執行に重過失がある場合	争訟費用については通常要する費用の範囲で補償される（改正法430条の2第2項1号）。損害賠償金及び和解金は悪意又は重過失がある場合補償されない（同項3号）	免責事由に該当しない限り補償される
補償の有無及び内容の判断者	株式会社の他の役員が判断	保険会社が保険約款の要件に基づいて判断
補償の実行に対する役員の予測可能性	比較的低い	比較的高い

(2) D&O保険の見直し

　現状においても，D&O保険は特に上場会社においてすでに普及しているが，前述のとおり，役員責任が問われやすい状況下においては，今後より一層その重要性が増し，D&O保険の内容を見直し・導入していく企業が増加することが予想される。

　また，D&O保険をすでに導入している会社においても，導入して終わりではなく，役員の責任が追及されるリスクが増加している状況においては，会社の状況やリスクの内容等に照らして，D&O保険の内容の見直しや改善を行うことが重要となる。

　例えば，D&O保険では，会社が自ら役員に対して責任追及訴訟をする会社訴訟の場合の損害賠償請求について，約款上の免責事由に該当するとされていることが多いが，会社訴訟の機会が増えている状況においては，会社訴訟のケースであっても一定の場合には免責されず保険を適用されるように特約を付するなど，現状の保険契約の内容の見直しが必要かどうか検討する必要がある。

　コーポレート・ガバナンス・システムの在り方に関する研究会が2015年7月

24日に公表した報告書「コーポレート・ガバナンスの実践～企業価値向上に向けたインセンティブと改革～」では，現状のD&O保険の内容で十分かどうかを判断するためにチェックすべき事項として，**図表４－８**記載の事項が挙げられており，D&O保険の内容の見直しの際はこれらの観点から会社の状況に適合しているかどうかを検討するのも一案である。

【図表４－８：D&O保険について実務上チェックすべき事項】

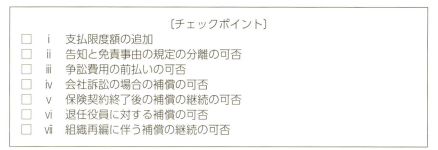

〔チェックポイント〕
- □ ⅰ 支払限度額の追加
- □ ⅱ 告知と免責事由の規定の分離の可否
- □ ⅲ 争訟費用の前払いの可否
- □ ⅳ 会社訴訟の場合の補償の可否
- □ ⅴ 保険契約終了後の補償の継続の可否
- □ ⅵ 退任役員に対する補償の可否
- □ ⅶ 組織再編に伴う補償の継続の可否

＊ コーポレート・ガバナンス・システムの在り方に関する研究会の2015年７月24日付け報告書「コーポレート・ガバナンスの実践～企業価値向上に向けたインセンティブと改革～」参照

したがって，会社としては，国内外から有能な人材を確保し，適切なインセンティブを付与するためには，D&O保険への加入時だけでなく，必要に応じてD&O保険の内容も，会社の置かれている状況やリスクの内容・程度に照らして自社に最適なものとしていくことが求められるであろう。

(3) 事業報告への記載

今回の改正に伴う法務省令の改正において，補償契約で定めた補償について，株主に対する事業報告の内容に含めることが予定されており，新たに決定されるものであるため，事業報告漏れのないよう今後の法務省令の改正に注目されたい。

(4) 経過措置

１で記載したとおり，会社補償及びD&O保険の手続等の改正がなされたため，自社の補償契約及びD&O保険契約について，現行法と改正法のいずれが適用されるのか整理し，適用される法律に基づいて対応する必要がある。

この点について，補償契約に関する規定（改正法439条の2）は，改正法施行後に締結された補償契約に適用され，施行前に締結された補償契約には適用されない（附則6条）。

また，D&O保険に関する規定（改正法430条の3）についても同様に，改正法が適用されるかどうかは，当該D&O保険が施行後に締結されたものであるかによる。

したがって，自社の締結する各契約について，契約日ごとに整理しておく必要がある。

第5章

社外取締役関係
―社外取締役の活用，設置義務等

1　改正の内容

(1)　業務執行の社外取締役への委託

〈改正のポイント〉

社外取締役に対する業務執行の委託

　MBOの場面など会社と取締役（執行役）との利益が相反する状況にあるとき，その他取締役（執行役）が会社の業務を執行することにより株主の利益を損なうおそれがあるときは，会社は，その都度，取締役（会）の決定（決議）によって，当該業務の執行を社外取締役に委託することができるものとされた。

① 改正の背景

イ　社外取締役に期待される「業務」

　社外取締役が会社の「業務を執行した」場合には，会社法上，社外取締役の要件を満たさないこととなるが（会社2条15号イ），実務上は，一定の性質を有する業務については，社外取締役に適性があってその活動が期待される場面もあり，この要件が社外取締役の活動機会を過度に制約するおそれがあるとの指摘がなされていた。

　例えば，MBO（マネジメント・バイアウト）のような，取引の構造上，株主と買収者である取締役との間に直接的な利益相反関係がある場面や，親会社による子会社の完全子会社化のような子会社の支配株主である親会社（及び親会

社に選任された子会社経営陣）と子会社の少数株主との間の利害関係が対立し得る場面などにおいて，かかる利益相反の問題を回避する観点から，社外取締役の活用に対する期待が高まっている。

そこで，改正会社法は，一定の場合に社外取締役への業務執行の委託を認め，かつ，この業務執行と社外取締役の要件との関係を明確化した。

ロ　社外取締役による業務執行の要請（MBOを例に）

(イ)　MBOとは　MBO（マネジメント・バイアウト）とは，現在の経営者が全部又は一部の資金を出資し，事業の継続を前提として一般株主から対象会社の株式を取得することをいう。上場会社においては，上場会社の経営陣が投資会社（ファンド）から資金を得て買収会社を設立し，まず公開買付けを行い，その後にキャッシュ・アウトを行って，対象会社の株式全部を取得して非公開化するという二段階買収により実施される例が多い。

(ロ)　MBOの問題点―利益相反と情報の非対称性―　MBOは，株主の利益を確保すべき経営陣たる取締役が一般株主から株式を取得するという取引の構造上，株主と買収者である取締役との間に直接的な利益相反の関係が生じる。

すなわち，MBOにおいては，株式の買主となる取締役は，できるだけ安い価格で買い取ることが利益となるのに対して，売主となる株主は，取締役に対して，できるかぎり高い価格で株式を売却することが利益になる。また，取締役は，自ら経営する会社の情報に精通しているが，株主が入手できる会社の情報は限定的であり，情報の非対称性が大きい。

このようにMBOにおいては，構造的な利益相反の問題と情報の非対称性の問題が存在し，買収者の情報優位性も作用して，一般株主の利益よりも買収者である取締役の利益が優先され，一般株主に不利な取引条件でMBOが行われることにより，一般株主が本来享受すべき利益を享受することができないのではないかといった問題が指摘されている（以上につき，**図表5−1**参照）。

【図表 5 − 1：MBOにおける利益相反性】

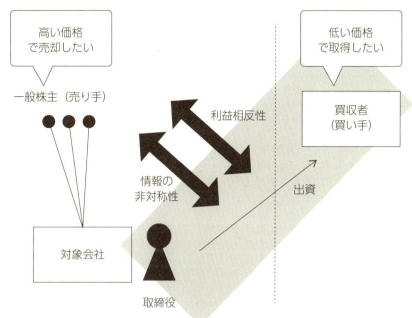

経済産業省「公正なM&Aの在り方に関する指針―企業価値の向上と株主利益の確保に向けて―」（2019年 6 月28日策定） 7 頁をもとに作成

(ハ)　MBOにおける社外取締役への期待と役割　　上記のような指摘を踏まえ，2019年 6 月28日に経済産業省が策定した「公正なM&Aの在り方に関する指針―企業価値の向上と株主利益の確保に向けて―」は，MBOは，一般株主利益を確保するために，公正な手続を通じて行われるべきとし，公正な手続を担保する実務上の具体的対応（公正性担保措置）として，独立した特別委員会の設置を挙げ（3.2（19頁）），特別委員会の役割に照らし，特別委員会のメンバーとして社外取締役が最も適任であるとしている（3.2.4.2　B）a）〔23頁〕）。さらに，独立性を有する社外取締役がいる場合には，原則として，独立社外取締役から委員を選任することが望ましく，社外取締役が委員長を務めることも，特別委員会の実効性を高めるため実務上の工夫の一つとして考えられる（3.2.4.2　B）a）〔23頁〕），とMBOにおける社外取締役の活用を提言している。

そして，社外取締役である特別委員は，当該MBOの検討をするにとどまら

ず，取締役の業務執行に明らかに該当すると考えられる買収者との交渉等の行
為（3.2.4.4〔25頁〕）も求められることがある。

　このように，上記指針においては，MBOの場面で，社外取締役による業務
執行が今後想定されることになり，改正法は以下述べるとおり，この問題に対
処したものである。

② 社外取締役の要件との関係
イ 社外取締役とは
　社外取締役とは，株式会社の取締役であって，**図表５－２**記載の会社法上の
要件をいずれも満たす者である。

【図表５－２：社外取締役の要件】

会社法上の社外取締役の要件	
会社２条 15号イ	当該株式会社又はその子会社の業務執行取締役（会社法363条１項各号の取締役及び当該株式会社の業務を執行したその他の取締役）・執行役・支配人その他の使用人（以下「業務執行取締役等」という。）でなく，かつ，その就任の前10年間当該株式会社又はその子会社の業務執行取締役等であったことがないこと。
同号ロ	その就任の前10年内のいずれかの時において当該株式会社又はその子会社の取締役・会計参与（会計参与が法人であるときは，その職務を行うべき社員）・監査役であったことがある者（業務執行取締役等であったことがあるものを除く。）にあっては，当該取締役・会計参与・監査役への就任の前10年間当該株式会社又はその子会社の業務執行取締役等であったことがないこと。
同号ハ	当該株式会社の親会社等（自然人に限る。）又は親会社等の取締役・執行役・支配人その他の使用人でないこと。
同号ニ	当該株式会社の親会社等の子会社等（当該株式会社及びその子会社を除く。）の業務執行取締役等でないこと。
同号ホ	当該株式会社の取締役・執行役・支配人その他の重要な使用人又は親会社等（自然人に限る。）の配偶者又は二親等内の親族でないこと。

ロ 社外取締役の要件から生じる問題点
　改正法に関連して社外取締役の要件が問題となるのは，特に，上記会社法２
条15号イであり，取締役が「当該株式会社の業務を執行した」場合には，社外
取締役が社外性を失い，社外取締役ではなくなってしまう点である。すなわち，

第5章　社外取締役関係―社外取締役の活用，設置義務等　　89

社外取締役が，例えば，上記①ロのMBOの場面において，特別委員会の委員として，MBOの検討や買収者との交渉等の行為をすることは「業務を執行した」に該当すると考えられることから，当該行為をした社外取締役は，その要件を満たさないこととなり資格を失ってしまうため，期待される活動をすることができないことになる。

　これに対し，社外取締役は，株式会社をめぐる利害関係者間の利益相反を監督することが期待され，社外取締役が上記のような行為をすることこそ会社法の趣旨に沿うことから，「業務を執行した」という要件を形式的に理解すべきではないとの指摘がなされていた。

③　改正の趣旨
イ　セーフ・ハーバー・ルールとしての機能
　社外取締役による業務執行の要請を受け，改正会社法348条の2は，株式会社をめぐる利害関係者間の利益相反の問題を回避するために社外取締役が積極的に活動することを認め，併せて，それが社外取締役の資格に影響して合理的な活動までもが妨げられてしまうことを回避する方策の一つとして，いわゆるセーフ・ハーバー・ルールとして設けられた。セーフ・ハーバー・ルールとは，「それに従って行動する限り法律違反を問われることがないことが明確にされているルール」を指す。

　すなわち，本条は，「業務を執行した」（会社2条15号イ）についての一定の解釈に基づき，仮に，社外取締役がした行為が業務の執行にあたると評価され得る場合であっても，当該行為が本条1項により委託を受けた行為であれば，「業務を執行した」に該当しないことを明確化した（改正法348条の2第3項）。それによって，社外取締役が萎縮することなく，その期待される機能を円滑に実現することができるようにするためのセーフ・ハーバーとして機能することを意図したものである。

ロ　指名委員会等設置会社について
　指名委員会等設置会社においても，社外取締役に期待される役割が認められる一定の場合があることは上記①イロと同じであるから，セーフ・ハーバー・ルールを設ける必要性は同様に妥当する。そこで，指名委員会等設置会社についても，一定の場合に，取締役会の決議により，指名委員会等設置会社の業務を執行することを社外取締役に委託することができるものとした（改正法348条

の2第2項)。

④　業務執行の社外取締役への委託の要件

　社外取締役を設置している株式会社は，**図表5－3**の場合に，取締役会の決議又は取締役の決定により，取締役会（非取締役会設置会社では取締役）が社外取締役に業務の執行を委託することができることとなった（改正法348条の2第1項・2項）。ただし，業務執行取締役（指名委員会等設置会社では執行役）の指揮命令の下に執行する業務については，業務の執行に該当するとされた（改正法348条の2第3項但書）。

【図表5－3：社外取締役への業務執行委託の要件・手続】

	要　件	手　続
指名委員会等設置会社以外の株式会社（改正法348条の2第1項）	ⅰ　株式会社と取締役との利益が相反する状況にあるとき ⅱ　取締役が株式会社の業務を執行することにより株主の利益を損なうおそれがあるとき	ⅰ　〔取締役会設置会社の場合〕取締役会の決議 　　〔非取締役会設置会社の場合〕取締役の決定 ⅱ　委託の都度，手続が必要
指名委員会等設置会社（改正法348条の2第2項）	ⅰ　指名委員会等設置会社と執行役との利益が相反する状況にあるとき ⅱ　執行役が指名委員会等設置会社の業務を執行することにより株主の利益を損なうおそれがあるとき	ⅰ　取締役会の決議 ⅱ　委託の都度，手続が必要

イ　指名委員会等設置会社以外の株式会社の場合

　㋑　社外取締役に業務を委託できる場合　　業務執行を社外取締役に委託することができるのは，当該株式会社と取締役との利益が相反する状況にあるとき，その他取締役が当該株式会社の業務を執行することにより株主の利益を損なうおそれがあるときである（改正法348条の2第1項）。

　㋺　利益が相反する状況にあるとき　　「株式会社と取締役との利益が相反する状況にあるとき」とは，利益相反取引を規制する会社法356条1項2号

第5章　社外取締役関係—社外取締役の活用，設置義務等　　91

及び3号に掲げる場合が挙げられるが，それらに限定されない。典型的には，株式会社が取引の当事者とはならないものの，取引の構造上取締役と株主との間に利益相反関係が認められると評価されるMBOの場合を想定している（部会資料20第4の1（補足説明））。

　株式会社は会社の企業価値を向上させて会社ひいては，株主の共同の利益を図ることを目的とする。取締役は，会社に対して善管注意義務を負うところ，その一環として，株主間の公正な企業価値の移転を図らなければならない義務を負うと考えられている（東京高判平成25年4月17日判時2190号96頁）。そのような義務が適正に果たされるためには，社外取締役による利益相反の監督機能が発揮されることが期待されるが，改正法348条の2はかかる場合を想定したものといえる。

(ハ)　株主の利益を損なうおそれがあるとき　「取締役が当該株式会社の業務を執行することにより株主の利益を損なうおそれがあるとき」としては，親会社との取引に関する業務執行によって不当に親会社の利益が図られる場合や，親会社をはじめとする支配株主が現金を対価とする少数株主の締出し（キャッシュ・アウト）を行う場合の取締役の業務執行によって少数株主の利益が損なわれる場合などが想定されている。

　このような場合，取締役自身は親会社や支配株主と同視することができないとも考えられるものの，少数株主と親会社・支配株主との間の利害が対立しており，取締役が自らを選任した親会社・支配株主の利益を優先して，少数株主の利益をないがしろにすることが懸念され，株主間の公正な企業価値の移転が損なわれる懸念がある。そこで，社外取締役がかかる意味での利益相反に関する監督機能を発揮することが期待されるのである。

ロ　指名委員会等設置会社の場合

(イ)　要件　指名委員会等設置会社においては，業務執行は執行役により行われ（会社418条2号），利益相反の関係は執行役との間で生じるから，会社や株主と利益が相反する対象が執行役とされている（改正法348条の2第2項）。

　一方，指名委員会等設置会社の取締役は，法令に別段の定めがあるときを除き，株式会社の業務を執行することはできないため（会社415条），改正法第348条の2第2項は，取締役を対象としていない。

(ロ)　会社法415条との関係　上記(イ)のとおり，指名委員会等設置会社の取締

役は，会社法又は会社法に基づく命令に「別段の定め」がある場合を除き，指名委員会等設置会社の業務を執行することができない（会社415条）。そのため，指名委員会等設置会社の社外取締役が改正法348条の2第2項に基づいて業務執行の委託を受けた場合，社外取締役の要件（会社2条15号）の問題とは別に，会社法415条に違反するのではないかとの疑義が生ずるが，立法段階において，改正法第348条の2第2項は会社415条の定める「別段の定め」に該当すると解されている。

⑤　社外取締役への業務執行の委託の手続
イ　取締役会の決議（取締役の決定）
　社外取締役に対し業務の執行を委託するためには，その都度，取締役会決議（非取締役会設置会社では取締役の決定）が必要となる（改正法348条の2第1項・2項）。
ロ　取締役会決議等の対象（「その都度」の意義）
　株式会社が社外取締役に業務の執行を委託する際には，個々の委託について，その都度，取締役会決議（非取締役会設置会社では取締役の決定）が必要である（改正法348条の2第1項・2項）。
　社外取締役は，委託を受けた業務の執行について，業務執行取締役（指名委員会等設置会社では執行役）の指揮命令の下に執行することはできず，独立してこれを執行することが必要である（改正法348条の2第3項但書参照）。もっとも，社外取締役が誰の監督も受けずに野放図に継続的に不明確な範囲の業務を執行するという事態が生じないようにする必要もあるため，その都度，取締役会の決議によらなければならないものとすることが適当と考えられた。
ハ　委託の決定を取締役に委任することの可否
　㋑　取締役会設置会社（監査等委員会設置会社及び指名委員会等設置会社以外）の場合　　取締役会設置会社において，社外取締役に対し業務の執行を委託する場合，委託の決定を取締役会が取締役に委任することはできず，取締役会の決議によらなければならないと考えられる（部会資料20第4の1［補足説明］）。
　㋺　監査等委員会設置会社の場合　　監査等委員会設置会社では，一定の要件の下，重要な業務執行の決定を取締役に委任することが認められているが（会社399条の13第5項・6項），改正会社法では，取締役に委任することが

できない事項に，社外取締役への業務執行の委託（改正法348条の２第１項）が追加された（改正法399条の13第５項６号）。その結果，取締役会は委託の決定権限を取締役に委任することができない。

(ハ) 指名委員会等設置会社の場合　指名委員会等設置会社は，業務執行の決定を取締役会が執行役に委任することができるが（会社416条４項），改正会社法では，執行役に委任することができない事項に，社外取締役への業務執行の委託（改正法348条の２第２項）が追加された（改正法416条４項６号）。その結果，取締役会は，委託の決定権限を執行役に委任することができない。

(2) 社外取締役を置くことの義務付け

〈改正のポイント〉
社外取締役設置の義務付け

公開大会社である監査役会設置会社であって，金融商品取引法24条１項の規定に基づく有価証券報告書提出会社は，社外取締役を置かなければならないとされ，社外取締役を選任しなかったときは過料の制裁を受けることとなった。

① 改正の経緯

平成26年改正法において，監査役会設置会社は，社外取締役を設置しない場合，その理由の説明が求められたものの，設置自体を義務付けられなかった。他方で，指名委員会等設置会社及び監査等委員会設置会社においては，各委員会又は監査等委員会の過半数が社外取締役ではならないとし，社外取締役の選任が義務付けられている（会社331条６項・400条３項）。

しかし，平成26年会社法改正に係る会社法の一部を改正する法律の附則25条において，「政府は，この法律の施行後二年を経過した場合において，社外取締役の選任状況その他の社会経済情勢の変化等を勘案し，企業統治に係る制度の在り方について検討を加え，必要があると認めるときは，その結果に基づいて，社外取締役を置くことの義務付け等所要の措置を講ずるものとする」こととされた。

これを受けて，改正法の立法過程で改めて社外取締役を置くことの義務付け等の措置を講ずる必要があるかどうかについて検討された結果，社外取締役の

94

設置が義務付けられることとなった（改正法327条の２）。そして，社外取締役
を選任しなかったときは，過料の制裁を受けることとなった（改正法976条19号
の２）。

② 改正の背景・趣旨

イ 平成26年改正法における社外取締役

　平成26年改正法では，監査役会設置会社において，従前に比べ社外取締役の
要件は厳格化されたものの，社外取締役の設置は義務付けられなかった。

　ただし，監査役会設置会社である上場会社（公開大会社であり，かつ金融商品
取引法24条１項の規定によりその発行する株式について有価証券報告書を内閣総理
大臣に提出しなければならないものである場合）が事業年度の末日において社外
取締役を置いていない場合には，当該事業年度の定時株主総会で「社外取締役
を置くことが相当でない理由」を説明しなければならないこととされた（会社
327条の２）。また，株主総会参考書類及び事業報告の内容として，「社外取締
役を置くことが相当でない理由」を記載しなければならないこととされていた
（会施規74条の２第１項・124条２項）。

ロ 有価証券上場規程（コーポレートガバナンス・コード）

　上記の平成26年改正法とは別に，東京証券取引所（以下，「東証」という）は，
有価証券上場規程に規定されたコーポレートガバナンス・コードにおいて，社
外取締役に関し，独自の規定を設けている。上場会社は，同上場規程により，
独立役員（一般株主と利益相反が生じるおそれのない社外取締役又は社外監査役）
を１名以上確保すべきことが義務付けられ，特にコーポレートガバナンス・
コードによって，独立社外取締役を２名以上選任すべきであるとされている

【図表５－４：独立社外取締役の選任に関する規程】

東京証券取引所 有価証券上場規程における規制	コーポレートガバナンス・コードの要請
ⅰ 独立役員（独立社外取締役又は独立社外監査役）を１名以上確保しなければならない（436条の２） ⅱ 独立社外取締役を少なくとも１名以上確保するよう努めなければならない（445条の４）。	ⅰ 独立社外取締役を少なくとも２名以上選任すべきである（原則４－８）。

(以上につき，**図表5-4**参照）。東京証券取引所が設置すべきとする独立社外取締役については，会社法上の社外取締役（会社2条15号）の要件よりも厳格な独立性基準が定められている（上場管理等に関するガイドライン）。

そして，市場第一部・第二部の上場会社は，独立社外取締役を2名以上選任していない場合には，コーポレート・ガバナンスに関する報告書においてその理由を説明することが求められている。

ハ　社外取締役の選任状況

上記イ及びロを受けて，平成26年改正法下においても，コーポレート・ガバナンスの観点から，多くの上場会社が社外取締役を選任しており，その数は年々増加している。

東京証券取引所の全上場会社における社外取締役の選任比率は，平成26年においては64.4％であったが，改正法の施行後，さらに増加して，平成30年においては97.7％となった（**図表5-5**参照）。

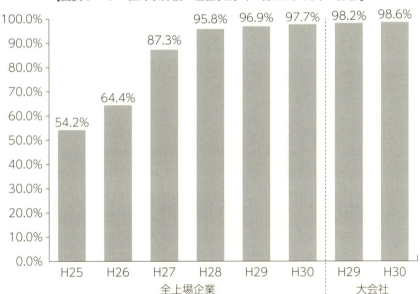

【図表5-5：社外取締役の選任状況（1名以上）比率の推移】

「東証上場会社における社外取締役の選任状況及び『社外取締役を置くことが相当でない理由』の傾向について」2018年8月1日（東京証券取引所）をもとに作成

③　社外取締役の設置義務化に至る議論

　改正法の立法過程では，社外取締役の設置義務化については，次のとおり，設置を義務付けるべきとする立場と義務付けるべきではないとする立場で大きく意見が分かれた。

イ　社外取締役の設置を義務付けるべきではないとする見解

　社外取締役の設置を義務付けるべきではないとする立場からは，以下のような指摘がなされた。

ｉ　適切なガバナンス体制は，個々の上場会社等が創意工夫しながら構築していくことが原則であり，社外取締役を置かなくてよいと説明しているごく少数の株式会社についてまで社外取締役を置くことを一律に強制することは適切でない。

ｉｉ　上場会社における社外取締役の選任状況からすれば，平成26年改正法の狙いはすでに実現でき，又は実現しつつある状況にあり，平成26年会社法改正及び会社法施行規則等の一部を改正する省令により導入された規律からさらに進んで，社外取締役を置くことを義務付ける必要はない。

ｉｉｉ　社外取締役を置いていないことに関する評価については，投資家による議決権行使や市場における評価に委ねればよく，投資家の納得を得るために社外取締役を置くことを義務付ける必要はない。

ロ　社外取締役の設置を義務付けるべきとする見解

　社外取締役の選任を義務付けるべきであるという立場からは，以下のような指摘がなされた。

ｉ　社外取締役の選任比率が大幅に増加しており，現在，社外取締役を選任していない上場会社等においても，社外取締役の意義を認めていないわけではないという状況にあると考えられる。

ｉｉ　ミニマム・スタンダードとして，少数株主を含む全ての株主に共通する株主共同の利益を代弁する立場にある者として業務執行者から独立した客観的な立場から会社経営の監督を行い，また，経営者あるいは支配株主と少数株主との間の利益相反の監督を行うという役割を果たすことが期待される社外取締役を，少なくとも１人置くことを求めることが必要である。

ｉｉｉ　社外取締役には，業務執行者から独立した客観的立場から経営全般及び利益相反を監督する機能が期待されており，その役割の重要性は増している。

第5章　社外取締役関係―社外取締役の活用，設置義務等　　97

④　社外取締役の設置義務化へ

　以上のように，社外取締役の選任義務化については，立法過程において対立的な意見が出たが，最終的には，「上場会社等が社外取締役を一人も置かない場合には，経営が独善に陥ったり，経営陣が保身に走るといった危険に対して何らかの予防や矯正のメカニズムを備えているのかについて，株主が疑念を抱くことも理解することができる面があると考えられる。上記のような疑念を払拭し，我が国の資本市場が信頼されるようにするためには，業務執行者から独立した客観的な立場からの監督機能が期待される社外取締役を活用することを，法的規律により一律に強制することが考えられる。」（部会資料25第2部第2の2（補足説明））として，社外取締役の設置が義務付けられるに至った。

⑤　対象となる会社

　改正法327条の2により，社外取締役の設置が義務付けられるのは，監査役会設置会社のうち，(i)公開会社であり（会社2条5号），(ii)大会社であるものであって（会社2条6号），(iii)金融商品取引法24条1項により有価証券報告書の提出義務のある会社である。

2　実務への影響

---

(1)　業務執行の社外取締役への委託

①　社外取締役活用のさらなる広がり

　改正会社法348条の2が設けられたことにより，実務上，社外取締役を設置している株式会社がMBOや，親子会社間の取引のような支配株主と少数株主との間の利害関係が対立し得る場面等において，さらに社外取締役の活用が広がっていくものと期待される。

　改正前においても，MBO等に際して，社外取締役は活用されることがあったが，社外取締役が本条により委託を受けた業務を執行する場合には，「業務を執行した」にあたらないことが明確化されたことにより（改正法348条の2第3項），社外取締役が萎縮することなく，その期待される機能を円滑に実現することができるようになった意義は大きい。

② 委託の要件及び手続

　今後，株式会社が社外取締役に業務執行を委託する際は，改正法348条の2の要件及び手続を確認し，会社の機関設計に応じた要件の該当性を判断するとともに，取締役会の決議等の手続を遵守する必要がある（**図表5－3**参照）。

　この点，立法過程において，本条は，解釈上，これまでもそもそも「業務を執行した」にあたらないと評価される行為について，新たに「業務を執行した」に該当することを意図するものではない（解釈上，業務の執行に該当しない行為をすることは本条を利用しなくとも「業務を執行した」にあたらず，本条の手続は不要である）とされる（部会資料20第4の1（補足説明））。したがって，解釈上，業務の執行に該当するとされる行為のみに本条の手続が必要であって，保守的な実務対応をする必要はないと考えられる。

(2) 社外取締役を置くことの義務付け

① 社外取締役の選任

　本改正を受けて，対象となる監査役会設置会社は社外取締役を選任しなければならないことから，現在，社外取締役を選任していない会社は，社外取締役選任に向けた準備（候補者の選定，株主総会の議案の策定等の準備）を進める必要がある。ただし，改正会社法施行時に公開大会社である監査役会設置会社であって，金融商品取引法第24条第1項に基づく有価証券報告書提出会社は，同施行後最初に終了する事業年度に関する定時株主総会終結時までは，選任は義務付けられない（改正法附則第5条前段）。

② 社外取締役の欠員への事前の対応

　社外取締役の設置が義務付けられたことにより，対象となる監査役会設置会社は，特に，社外取締役が1名しかいない場合，任期中の死亡や病気による執務困難等の不測の事態により社外取締役が欠けた場合の対応を検討しておく必要がある。事前の対応としては，社外取締役を増員し，複数選任することや補欠社外取締役を選任すること（会社329条第3項）が挙げられる。

　2019年8月時点で，2名以上の独立社外取締役を選任する会社は，全上場会社では76%，市場第一部では93.4%となっており，すでに多くの上場会社が社外取締役の複数選任に動いていることが分かる（東京証券取引所「東証上場会社における独立社外取締役の選任状況及び指名委員会・報酬委員会の設置状況」5頁

〔2019年8月1日〕）が，適任の候補者の選定のため，事前の準備を早める必要があろう。

③　社外取締役の欠員への事後の対応
イ　権利義務取締役・一時取締役の選任

　社外取締役を欠いた場合，遅滞なく後任の社外取締役を選任しなければならない（会社976条22号）。そして，後任の社外取締役を選任するまでの間，権利義務取締役（会社346条1項）又は一時役員（同条2項）に関する規定を利用することになる。

ロ　取締役会開催の可否

　社外取締役を欠いた場合であっても，遅滞なく社外取締役が選任されるときは，その間，取締役会を開催することができると考えられる（神田秀樹「『会社法制（企業統治等関係）の見直しに関する要綱案』の解説〔v〕」旬刊商事法務2195号10頁〔2019年〕）。

ハ　取締役会決議の効力

　社外取締役が欠けている間になされた取締役会決議の効力については，「少なくとも，（候補者の選定等を含めて）一時取締役の選任のために合理的に必要な時間が経過する前に行われた取締役会決議については，これを有効と解する余地があると思われる」（田中亘「会社法制（企業統治等関係）の見直しに関する要項の解説」（監査役695号16頁〔2019年〕）との見解を踏まえれば，遅滞なく社外取締役が選任されるときは，社外取締役の選任前にされた取締役会の決議は無効とならないと考えることができよう。他方で，立法過程では，社外取締役が欠けている状況が長期間に及ぶ場合には，社外取締役が欠けていることが取締役会の決議の効力に影響を及ぼさないということは難しいと解釈されている（部会資料27第2部第2の2〔補足説明〕）。

　したがって，実務上は，社外取締役が欠けた場合，早急に一時取締役の選任を申し立てることになろう。

　ただし，社外取締役の欠員による混乱を避けるためにも，上記のとおり，会社は社外取締役の複数選任や補欠社外取締役の選任という事前の対応をとることが望ましい。

第6章

社債関係

1 改正の内容

(1) 社債管理補助者

〈改正のポイント〉

社債管理補助者制度の創設

社債管理者の設置が義務付けられない場合，社債発行会社の選択により，社債権者のために社債管理の補助を行うことを第三者に委託することができる社債管理補助者制度が新設された。

① 改正の趣旨と概要

社債管理補助者制度とは，社債権者のために社債の管理の補助を第三者に委託することができるようにするために新設された制度である。現行法上，担保付社債を発行する場合には，社債の管理を行う受託会社を定める必要があり（担保付社債信託法2条），また，無担保社債を発行する場合でも，社債権者保護のため，原則として，社債管理者を定めて社債の管理を行うことを委託しなければならないとされている（会社702条本文）。

しかしながら，社債管理者の権限が広範であり，その義務や責任及び資格要件が厳格であるために，社債管理者の設置コストが高くなることや社債管理者となる者の確保が困難なことから，実務上は，社債管理者設置の例外に該当するよう，すなわち，各社債が1億円以上である場合やある種類の社債の総額を

当該種類の各社債の金額で除した数が50を下回る場合（会社702条但書・会施規169条）に該当するよう，あえて社債を設計して，社債管理者を設置しないケースが多い。

ところが，近年，社債管理者を設置しないで発行した社債について，債務の不履行が生じて社債権者に損失や混乱が生ずるという事例が見受けられたことから，社債管理者を設置しない場合であっても社債の管理に関する最低限の事務を第三者に委託することを望む声が出てきた。

そこで，改正会社法は，社債管理補助者制度を新たに設け，社債管理者の設置が義務付けられない場合に，社債発行会社の選択により，社債権者のために社債の管理の補助を行うことを第三者に委託することができるようにしたのである。

② 社債管理者と社債管理補助者の相違

社債管理補助者と社債管理者は，社債発行会社が第三者に対して一定の事務を行うことを委託することによって設置される点において共通するものの，その権限の範囲が異なる。

【図表6－1：社債管理者と社債管理補助者の主な相違点】

	社債管理者	社債管理補助者
義務	公平・誠実義務，善管注意義務	同左
主な権限	・社債権者のために社債に係る債権の弁済を受け，又はその債権の実現を保全するために必要な一切の裁判上又は裁判外の行為をする権限 ・社債権者集会を招集する権限	・社債権者のために破産手続等に参加（債権の届出）等をする権限 ・委託契約に定める範囲内において，社債に係る債権の弁済の受領などの権限 ・少数社債権者の請求等により社債権者集会を招集する権限
行為の方式	社債権者のために裁判上又は裁判外の行為をするときは，個別の社債権者を表示することを要しない	同左
責任	会社法又は社債権者集会の決議に違反する行為をしたときは，社債権者に対して，これによって生じた損害を賠償する責任を負う	同左

第6章 社債関係 103

すなわち，社債管理者制度は，第三者である社債管理者自らが社債権者のために社債の管理を行う制度であり，社債管理者はそのために必要な権限を包括的に有し，広い裁量をもってそれを行使することが求められている。

他方で，社債管理補助者制度は，社債権者集会を招集したりすることなどを通じて，社債権者自身による社債権者集会の決議等を通じた社債の管理が円滑に行われるように補助する制度であると位置付けられている。したがって，社債管理補助者は，社債管理者よりも裁量の余地の限定された権限のみ有するものとされる（以上につき，**図表6−1**参照）。

③ 社債管理補助者制度の概要

イ 社債管理補助者の設置

改正会社法714条の2は，会社が，会社法702条但書に規定する場合に，社債管理補助者を定め，社債権者のために，社債の管理の補助を行うことを委託することができるものとし，ただし，当該社債が担保付社債である場合は，この限りでないものとしている。

すなわち，社債管理補助者の設置ができる場合は，会社法702条に規定する社債管理者又は担保付社債信託法2条1項に規定する信託契約の受託会社を定めることを要しない場合に限定されている。

これは，社債管理補助者制度が，社債権者自らが社債を管理することを前提としている制度であるため，社債管理補助者を設置できるのは，各社債権者において自ら社債を管理することを期待することができる上記の場合に限定すべきであるからである。

ロ 社債管理補助者の資格

社債管理補助者の資格要件は，社債管理者と同様に，銀行，信託会社及びこれらに準ずるものとして会社法施行規則170条に定められている者（信用金庫等）の他，その他法務省令で定める者でなければならないとされている（改正法714条の3 **図表6−2**）。社債管理補助者は，社債管理者ほどの権限は有しないものの，委託契約に定める範囲内において，償還金を受領する権限や訴訟行為をする権限を有することがあることから，やはりそれらの権限を適切に行使できる者である必要がある。そこで，その資格要件は，社債管理者と同様のものとされている。

【図表6－2：資格を有する者】

会社法が定める社債管理補助者の資格を有する者	
i 銀行	改正法714条の3，会社703条1号
ii 信託会社	改正法714条の3，会社703条2号
iii 担保付社債信託法第3条の免許を受けた者	改正法714条の3，会社703条3号，会施規170条1号
iv 株式会社商工組合中央金庫	改正法714条の3，会社703条3号，会施規170条2号
v 農業協同組合法第10条第1項第2号及び第3号の事業を併せ行う農業協同組合又は農業協同組合連合会	改正法714条の3，会社703条3号，会施規170条3号
vi 信用協同組合又は中小企業等協同組合法第9条の9第1項第1号の事業を行う協同組合連合会	改正法714条の3，会社703条3号，会施規170条4号
vii 信用金庫又は信用金庫連合会	改正法714条の3，会社703条3号，会施規170条5号
viii 労働金庫連合会	改正法714条の3，会社703条3号，会施規170条6号
ix 長期信用銀行法第2条に規定する長期信用銀行	改正法714条の3，会社703条3号，会施規170条7号
x 保険業法第2条第2項に規定する保険会社	改正法714条の3，会社703条3号，会施規170条8号
xi 農林中央金庫	改正法714条の3，会社703条3号，会施規170条9号
xii その他法務省令で定める者	改正法714条の3

　一方で，社債管理補助者が社債管理者ほどの権限は有しないという観点からすれば，社債管理補助者の資格要件については，社債管理者よりも緩やかでよいとも考えられ，その他法務省令で定める者としては，弁護士及び弁護士法人が想定されている（部会資料25第三部第一1(2)補足説明）。

ハ　社債管理補助者の義務

　社債管理補助者は，社債の管理の補助について，社債管理者と同様，公平誠実義務及び善管注意義務を負う（改正法714条の7，会社704条）。これに対しては，実務上，社債管理者と同様に，設置コストが高くなるおそれがあることや，社債管理補助者となる者を確保することが難しくなるのではないかなどの懸念も指摘されている。

しかし，社債管理補助者は，社債の管理の補助について委託を受ける以上，やはり委託者の信頼を裏切ることがないようにこれらの義務を負うことが相当であると考えられる。また，社債管理補助者は，裁量の範囲の限定された権限のみを有する者であることに加え，委託契約の定めによりこれをさらに限定することもできることから，実際には，社債管理者と比べて義務違反が問われ得る場合は限定的であると考えられている。

二　社債管理補助者の権限等

　(イ)　社債管理補助者の権限　　社債管理補助者は，次の@からに掲げる行為をする権限（改正法714条の４第１項各号）を必ず有する。

　　@　破産手続参加，再生手続参加又は更生手続参加（改正法714条の４第１項１号）

　　ⓑ　強制執行又は担保権の実行の手続における配当要求（改正法714条の４第１項２号）

　　ⓒ　会社法499条１項（会社の清算手続における債権の申出の公告・催告）の期間内に債権の申出をすること（改正法714条の４第１項３号）

　　加えて，社債管理補助者は，委託の範囲内において，次のⓓからⓖまでに掲げる行為をする権限（改正法714条の４第２項各号）を有するものとしている。ⓓからⓕまでの権限は，社債管理者に会社法上認められた権限であり，ⓖの権限は，会社と社債管理者間の委託契約によって付与される権限の一つである。なお，改正会社法714条の４第２項は，委託契約により社債管理補助者に対して付与することができる権限を限定列挙するものではないとされている。

　　ⓓ　社債に係る債権の弁済を受ける権限（改正法714条の４第２項１号）

　　ⓔ　会社法705条１項の行為（社債権者のために社債に係る債権の弁済を受け，又は社債に係る債権の実現を保全するために必要な一切の裁判上又は裁判外の行為）をする権限（前記@からⓒまで及び前記ⓓに掲げる行為を除く。改正法714条の４第２項２号）

　　ⓕ　会社法706条１項各号に掲げる行為（社債の全部についてする支払猶予・その債務若しくはその債務の不履行によって生じた責任の免除又は和解・訴訟行為・倒産手続に属する行為）をする権限（改正法714条の４第２項３号）

　　ⓖ　社債発行会社が社債の総額について期限の利益を喪失することとなる行為をする権限（改正法714条の４第２項４号）

なお，社債管理補助者が社債に係る債権の弁済を受けた場合（ⓓ参照）には，社債管理者が社債に係る債権の弁済を受けたときと同様に（会社705条2項・3項），社債権者は，その社債管理補助者に対し，社債の償還額及びその利息の支払を請求することができ（改正法714条の4第4項，会社705条2項），当該請求権を10年間行使しないときは，時効によって消滅する（改正法714条の4第4項，会社705条3項）。

㋺ 社債管理補助者が債権者集会の決議によらなければならない行為　改正会社法714条の4第3項において，社債管理補助者は，前述の㋑のⓓ～ⓖの権限を有する場合において，社債権者集会の決議によらなければ，次のⓗとⓘの行為をしてはならないものとしている。

ⓗ 前述㋑ⓔの行為であって次に掲げるもの
　i 当該社債の全部についてするその支払の請求
　ii 当該社債の全部に係る債権に基づく強制執行，仮差押え又は仮処分
　iii 当該社債の全部についてする訴訟行為又は破産手続，再生手続，更生手続若しくは特別清算に関する手続に属する行為（i及びiiの行為を除く）

ⓘ 前述㋑ⓕ及びⓖの行為

このように，社債管理補助者が社債権者集会の決議によらなければ一定の行為を行うことができないとする理由は以下のとおりである。

すなわち，社債管理補助者は，社債管理者よりも裁量の範囲の限定された権限を有し，自らが広い裁量をもって社債の管理を行うものではないと位置付けられたものでありながら，委託契約により社債管理補助者に裁量の範囲の広い権限を付与することを認めるものとすると，社債管理者との区別が曖昧となり，社債権者に不測の損害を与えるおそれが懸念される。そこで，社債管理者であれば社債権者集会の決議によらずにすることができる行為であっても性質上裁量の範囲が限定されているとはいえない行為については，社債権者集会の決議によるとすることによって，行為ごとに社債権者の承認を要するとしたのである。

さらに，社債管理者においても社債権者集会の決議により行わなければならないこととされている行為（会社法706条1項各号に掲げる行為〔前述㋑ⓕの行為〕）については，社債権者集会の特別決議による承認を要するものとして，厳格な規制をしている（改正法724条2項2号）。

第6章　社債関係　　107

(ハ)　社債管理補助者による報告等　　改正会社法714条の4第4項は、社債管理補助者が、委託契約に従い、社債の管理に関する事項を社債権者に報告し、又は社債権者がこれを知ることができるようにする措置を採らなければならないものとしている。これは、社債管理補助者の中心的な職務の一つとして、発行会社と社債権者との間の情報伝達の仲介が挙げられること、改正会社法717条3項1号、718条1項を受けて、社債の総額の10分の1に満たない社債を有する社債権者であっても、社債管理補助者を通じて、他の社債権者に社債権者集会の開催の要否の意思確認をすることができるような仕組みがとられることとなると考えられるところ、そのための情報提供が必要であると解されるからである。

　なお、社債管理補助者から社債権者に対する適切な報告事項やその方法等については、実務上、記名社債であるか無記名社債であるかによって異なり得ると考えられていることから、委託契約の定めに従うものとされている。

ホ　特別代理人の選任

　社債管理者については、社債権者と社債管理者との利益が相反する場合において、社債権者のために裁判上又は裁判外の行為をする必要があるときには、裁判所は、社債権者集会の申立てにより、特別代理人を選任しなければならないこととされている（会社707条）。

　社債管理補助者についても、社債権者と社債管理補助者の利益が相反する場合には、社債管理者の場合と同様に、社債管理補助者が、社債権者のために裁判上又は裁判外の行為をする必要があるときは、裁判所は、社債権者集会の申立てにより、特別代理人を選任しなければならないこととされている（改正法714条の7、会社707条）。

ヘ　行為の方式

　社債管理補助者が社債権者のためにする代理行為は、商行為でないことから、原則として、本人である社債権者のためにすることを示す必要がある（民法99条参照）。しかし、社債権者は多数である上に常に変動する可能性がある。しかも、実務上、無記名社債の場合には、社債権者を確知することが困難であり、また、記名社債の場合であっても、多数の社債権者を全て表示することは煩雑である。

　そこで、改正会社法は、社債管理補助者が社債権者のために裁判上又は裁判

外の行為をするときは，社債管理者と同様に，個別の社債権者を表示すること
を要しないものとしている（改正法714条の7，会社708条）。

ト　2以上の社債管理補助者がある場合

　改正会社法は，2以上の社債管理補助者がある場合には，社債管理補助者は，
各自，その権限に属する行為をするものとしている（改正法714条の5第1項）。

　社債管理補助者の場合，その権限は裁量の範囲が限定されていたものである
ことから，2以上の社債管理者がいる場合（会社709条1項）とは異なり，共同
して権限を行使する実益に乏しく，むしろ実務上は，迅速かつ円滑な事務の遂
行を重視すべきだからである。

　また，社債権者保護の観点から，社債管理補助者が社債権者に生じた損害を
賠償する責任を負う場合において，他の社債管理補助者も当該損害を賠償する
責任を負うときは，これらの者は，連帯債務者とするものとしている（改正法
714条の5第2項）。

チ　社債管理補助者の責任

　社債管理補助者は，社債管理者と同様に，会社法又は社債権者集会の決議に
違反する行為をしたときは，社債権者に対し，これによって生じた損害を賠償
する責任を負うものとしている（改正法714条の7，会社710条1項）。

　なお，社債管理者の設置を義務付けられていないことや，社債管理補助者の
権限は社債管理者より限定されていること等を踏まえ，一定の利益相反行為に
伴う損害賠償責任の要件の定型化，及び誠実義務違反や因果関係の不存在に係
る証明責任について定める会社法710条2項は準用されない（改正法714条の7
参照）。

リ　社債管理者等との関係（社債管理補助者との委託契約終了）

　会社法702条の規定による委託に係る契約又は担保付社債信託法2条1項に
規定する信託契約の効力が生じ，社債管理者又は受託会社が定められたときは，
社債管理補助者との委託契約は終了する（改正法714条の6）。

ヌ　社債管理補助者の辞任・解任・事務の承継

　社債管理補助者の有無は，社債権者による社債管理の方法等に影響を与える
ものであることから，社債管理補助者の辞任・解任・事務の承継については，
以下のように社債管理者に関する規定を準用している（改正法714条の7，会社
711条・713条・714条）。

第6章　社債関係　　109

(イ)　社債管理補助者の辞任

(ⅰ)　社債管理補助者は，社債発行会社及び社債権者集会の同意を得て辞任することができるものとする。この場合において，当該社債管理補助者は，あらかじめ，事務を承継する社債管理補助者を定めなければならない（改正法714条の7，会社711条1項）。

(ⅱ)　(ⅰ)にかかわらず，社債管理補助者は，委託契約に定めた事由があるときは，辞任することができる。ただし，委託契約に事務を承継する社債管理補助者に関する定めがないときは，この限りでない（改正法714条の7，会社711条2項）。

(ⅲ)　(ⅰ)にかかわらず，社債管理補助者は，やむを得ない事由があるときは，裁判所の許可を得て，辞任することができる（改正法714条の7，会社711条3項）。

(ロ)　社債管理補助者の解任　　裁判所は，社債管理補助者がその義務に違反したとき，その事務処理に不適任であるときその他正当な理由があるときは，社債発行会社又は社債権者集会の申立てにより，当該社債管理補助者を解任することができる（改正法714条の7，会社713条）。

(ハ)　社債管理補助者の事務の承継　　社債管理補助者が次のいずれかに該当することとなった場合には，社債発行会社は，事務を承継する社債管理補助者を定め，社債権者のために，社債の管理の補助を行うことを委託しなければならない（改正法714条の7，会社714条1項前段）。

(ⅰ)　社債管理補助者の資格を有する者でなくなったとき（改正法714条の7，会社714条1項1号）

(ⅱ)　辞任したとき（改正法714条の7，会社714条1項2号）

(ⅲ)　解任されたとき（改正法714条の7，会社714条1項3号）

(ⅳ)　死亡し，又は解散したとき（改正法714条の7，会社714条1項4号）

　　この場合において，社債発行会社は，社債権者集会の同意を得るため，遅滞なく，これを招集し，かつ，その同意を得ることができなかったときは，その同意に代わる裁判所の許可の申立てをしなければならない（改正法714条の7，会社714条1項後段）。社債管理補助者が上記(ⅰ)ないし(ⅳ)のいずれかに該当することとなった日から2カ月以内に，社債権者集会の招集又は同意に代わる裁判所の許可の申立てをしなかったときは，社債発行会社は，当該社債の総額について期限の利益を喪失する（改正法714条の7，

会社714条 2 項）。社債管理補助者が上記(ⅰ)ないし(ⅳ)のいずれかに該当することとなった場合において，やむを得ない事由があるときは，利害関係人は，裁判所に対し，事務を承継する社債管理補助者の選任の申立てをすることができる（改正法714条の 7，会社714条 3 項）。社債発行会社が社債権者集会の同意を得ることなく事務を承継する社債管理補助者を定めた場合（改正法714条の 7，会社714条 1 項）又は利害関係人の申立てに基づき事務を承継する社債管理補助者の選任があった場合（改正法714条の 7，会社714条 3 項）には，社債発行会社は，遅滞なく，その旨を公告し，かつ，知れている社債権者には，各別にこれを通知しなければならない（改正法714条の 7，会社714条 4 項）。

　なお，社債管理補助者は，社債管理者の場合とは異なり， 2 以上の社債管理補助者がある場合における権限の行使について，上記トのとおり，各自がその権限に属する行為をするものとされていることから（改正法714条の 5 第 1 項），社債管理者が辞任をする場合には，他に社債管理補助者があるかどうかにかかわらず，あらかじめ，事務を承継する社債管理補助者を定めなければならないものとされる（改正法714条の 7，会社711条 1 項後段。上記イ）。

ル　社債権者集会の招集・決議の執行等

　改正会社法が，社債管理補助者を社債権者による社債権者集会の決議等を通じた社債の管理を補助する者であると位置付けていることからすると，社債管理補助者に対して主体的に行使する社債権者集会の招集権を付与する必要性は高くないと解される。そこで，社債管理補助者は，以下のとおり，(ⅰ)少数社債権者から請求を受けた場合及び(ⅱ)自らの辞任のために必要な場合に限り，社債権者集会を招集することができるものとしている（改正法717条 3 項）。

（ⅰ）　ある種類の社債の総額（償還済みの額を除く）の10分の 1 以上に当たる社債を有する社債権者は，社債管理補助者に対し，社債権者集会の目的である事項及び招集の理由を示して，社債権者集会の招集を請求することができる（改正法718条 1 項）。社債管理補助者は，当該請求を受けた場合に限り，社債権者集会を招集することができる（改正法717条 3 項 1 号）。

（ⅱ）　社債管理補助者は，自らの辞任に必要な社債権者集会の同意（改正法714条の 7，会社711条 1 項前段）を得るため，これを招集することができる（改正法717条 3 項 2 号）。

第6章 社債関係 111

　社債権者集会の決議の執行については，次のとおりである。すなわち，社債
管理補助者がある場合において社債管理補助者の権限に属する行為を可決する
旨の社債権者集会の決議があったときは，社債権者集会の決議は，社債管理補
助者が執行するものとし（改正法737条1項2号），ただし，社債権者集会の決
議によって別に社債権者集会の決議を執行する者を定めたときは，この限りで
ないものとしている（改正法737条1項柱書）。これは，社債管理補助者が委託
契約締結時に想定していなかったような事項について，社債権者集会の決議に
基づき執行しなければならない事態に備えたものである。

　また，改正会社法では，社債管理補助者についても，社債権者集会の招集の
通知，社債権者集会への出席等，社債権者集会の議事録の閲覧等の請求，債権
者異議手続における催告及び報酬等に関し，社債管理者と同様の取扱いとして
いる（改正法720条1項・729条1項・731条3項・740条・741条）。すなわち，社債
権者集会を招集するには，招集者は，社債権者集会の2週間前までに，知れて
いる社債権者，社債発行会社及び社債管理補助者に対して，招集通知を発する
必要がある（改正法720条1項）。また，社債管理補助者は，その代表者又は代
理人を社債権者集会に出席させ，書面により意見を述べることができる（改正
法729条1項）。さらに，社債管理補助者は，社債権者集会の議事録の閲覧又は
謄写を請求することができる（改正法731条3項）。加えて，社債管理補助者の
報酬は，委任契約の定めによるものとしつつ，委任契約に定めがない場合には
裁判所の許可を得て社債発行会社の負担にできるものとした（改正法741条1項）。

　これらの他，発行会社は，社債管理者がある場合と同じく，債権者異議手続
における催告を社債管理補助者に対しても行わなければならない（改正法740条
3項）。これは，社債管理補助者の中心的な職務は，社債発行会社と社債権者
の間の情報伝達の仲介と位置付けられるためである。もっとも，社債管理補助
者は，社債管理者と異なり，社債権者集会の決議によらないで異議を述べる権
限を有しないため（会社740条2項参照），社債管理補助者が発行会社から催告
を受けた場合は，委託契約に従い，社債権者にその事実を報告等し（改正法
714条の4第4項），社債権者の判断を仰ぐことになると考えられる。

ヲ　社債の募集事項
　会社は，社債に関する重要な事項を募集事項として定めなければならないこ
ととされている（会社676条）。そこで，社債管理補助者を定めるときは，募集
社債に関する事項として，次の事項を定めなければならないものとしている

（改正法676条）。

　（i）　社債管理者を定めないこととするときは，その旨（改正法676条7号の2）

　（ii）　社債管理補助者を定めることとするときは，その旨（改正法676条8号の2）

(2)　社債権者集会

〈改正のポイント〉

社債権者集会の特別決議事項の追加・決議の省略

　社債権者集会の特別決議事項に，社債の元利金の減免が追加されるとともに，社債権者全員が書面又は電磁的記録により同意した場合に，社債権者集会の決議を省略できることとなった。

---

①　元利金の減免

　社債権者集会の決議がなければできない行為として，改正前会社法では，当該社債の全部についてする支払の猶予，債務不履行によって生じる責任の免除又は和解（改正前会社706条1項1号），訴訟行為，法的倒産手続に属する行為（会社706条1項2号）が定められているが，これに，元利金の減免が追加された（改正法706条1項1号）。当該決議は特別決議による必要がある（会社724条1項）。

　改正前会社法においては，元利金の全部又は一部の免除について，「和解」（改正前会社706条1項1号）として可能であるとの解釈が有力とされていたが，「和解」の要件である互譲があるかについて明確でないとの指摘があった。これを受け，本改正は，法的安定性の観点から，元利金の減免に関して社債権者集会に決議する権限があることを明示することとし，当該決議があれば社債管理者が元利金の減免をすることができることを明確にする趣旨でなされた。

　これに対して，立法過程では，反対する社債権者についても多数決による決議によって拘束することは相当でないとして，社債発行契約に定めた場合のみ元利金の減免を認めるべきであるとの意見もあった。

　しかし，社債権者集会の決議は裁判所の認可を受けなければ効力が生じないため（会社734条1項），社債権者集会の決議が著しく不公正であるときや，社債権者の一般の利益に反するときなどは，社債権者集会の決議の認可をするこ

とができないこととされていること（会社733条）から，反対する社債権者の利益は裁判所の後見的機能による保護が期待できると考えられ，改正されたものである。

② 社債権者集会の決議の省略

イ みなし決議制度の創設

社債権者集会の目的事項について，議決権者全員が書面又は電磁的記録により同意の意思表示をしたときには，当該目的事項について可決の決議があったものとみなすことで社債権者集会の開催を省略できる手続が創設された（改正法735条の2第1項）。また，この手続によって可決とみなされる場合については，裁判所の認可を要せず，当然に有効となるものとされた（改正法735条の2第4項，会社732条・733条・734条1項・735条）。改正法735条の2第4項において会社法734条2項が挙げられず，同項の適用があるのは，議決権を行使することができない社債権者がいる場合であっても（会社723条2項参照），全ての社債権者に対してみなし決議の効力を及ぼすためである。

改正前会社法上も，解釈上，社債権者全員の同意があれば社債権者集会の決議がなくとも社債契約の内容を変更できると解されていたが，会社法上，社債権者集会の決議によらなければならないと規定されている場合（会社706条1項等）の多くは，強行法規であるから全員の同意があっても決議に変えることはできないと反論されていた。

しかし，実務上，全員が同意している場合には，社債権者の保護に欠けることはないことから，社債権者集会の現実の開催及び裁判所の認可の手続を義務付ける必然性がないため，法律上決議を要するとされているものも含め，集会の開催を省略できることを明文化したものである。

ロ 社債権者集会の決議の省略における前後の手続

決議を省略するためには，社債権者集会の招集権者（社債発行会社，社債管理者〔改正法717条2項〕，社債管理補助者〔改正法717条3項〕，社債権者〔改正法718条1項・3項〕）が集会の目的事項について提案し，これに当該事項について議決権を有する社債権者全員が同意するという手続が必要である（改正法735条の2第1項）。提案できる招集権者には改正法によって新設された社債管理補助者も含まれているが，社債管理補助者が提案できる目的事項は，社債管理補助者の辞任についての同意に限るとされている（改正法753条の2第1項括

弧書・714条の7，会社711条1項）。

　事後の手続として，社債発行会社には，上記議決権者全員の同意の書面又は電磁的記録をその本店に10年間備置することが義務付けられた（改正法735条の2第2項）。社債管理者，社債管理補助者及び社債権者には，備置された同意の書面又は電磁的記録の閲覧・謄写の請求権が認められた（改正法735条の2第3項）。

　これは，みなし決議があったことが，事後に社債を取得した者にも分かるようにするための制度である。

2　実務への影響

(1)　社債管理補助者制度

　これまで社債管理者を設置しないで発行した社債について，債務の不履行が生じて社債権者に損失や混乱が生ずるという事例もあり，そのような社債に対する不安があったが，社債管理補助者制度の新設により，コストを抑えて，社債の管理に関する最低限の事務を第三者に委託し，社債権者を保護することが可能となった。

(2)　社債権者集会

①　元利金の減免

　社債に関する支払を遅滞する，遅滞が予想されるといった事態に陥った場合の選択肢として，元利金の減免という手段を取り得ることが明確になったため，今後の利用が進むことが予想される。

　ただし，社債権者集会の決議は裁判所の認可を受けなければ効力が生じないこととされており（会社734条1項），社債権者集会の決議が著しく不公正であるときや，社債権者の一般の利益に反するときなどが不認可事由であるので（会社733条），これらの不認可事由に抵触することがないような内容とする必要がある。

　この点に関し，立法過程では，個別に権利行使した結果，最終的に回収率が下がってしまうような場合に，多数決で元利金を減免することで最終的な全体

としての回収率が上がるという事態になれば，社債権者全体の共通の利益に資するといった指摘や，清算価値を下回るような形での元利金の減免は社債権者一般の利益に反するといえるのではないかとの指摘があり，認可の可否に関する基準として考慮すべきである。

② 社債権者集会の決議の省略

集会の開催を省略できることが明文化されたため（改正法735条の2第1項），実務上，利用が進み，事務手続，コストが削減されるメリットがある。

ただし，立法過程では，社債権者の同意の意思表示に瑕疵があった場合については，可決の決議があったものとはみなされず，訴えの利益を有する者はいつでもそのことを主張することができるとの解釈が示されているため，瑕疵のない同意を取得するよう注意が必要である。社債権者の同意の意思表示に瑕疵があるとして争われる可能性があるような場合には，社債権者集会の決議を省略することなく，社債権者集会を開催して裁判所の認可を求めることも，一つの選択肢といえる。

第7章

株式交付

1　改正の内容

〈改正のポイント〉

株式交付の創設

　株式会社が，他の株式会社を新たに子会社化しようとするものの，100%子会社化までは求めない場合に，組織再編行為の一種として，対象会社（株式交付子会社）の一部の株主から株式を譲渡により取得し，対価として，自社株式を交付する制度（株式交付）が創設された。株式交換のような，対象会社の全株主から強制的に株式を取得して，100%子会社化する手法とは異なる。

---

(1)　株式交付の内容

①　改正法の条文

　改正会社法774条の2前段は，「株式会社は，株式交付をすることができる。」旨定める。

　そして，改正会社法2条32号の2は，株式交付の定義として，「株式会社が他の株式会社をその子会社（法務省令で定めるものに限る。（中略））とするために当該他の株式会社の株式を譲り受け，当該株式の譲渡人に対して当該株式の対価として当該株式会社の株式を交付することをいう。」旨定めている。

なお，子会社化について，この「法務省令で定めるもの」とは，会社法（企業統治等関係）の見直しに関する要綱では，会社法2条3号に規定する会社が他の会社等の財務及び事業の方針の決定を支配している場合であって，会社法施行規則3条3項1号に掲げるときにおける当該他の会社等とするとされていることから（要綱第3部第2・1（注1）（注2）），現行法が定める子会社のうち，一定の範囲のものに限定される（少なくとも自己の計算で50％を超える議決権を所有することを要する）」ことが想定される。

② 株式交付制度創設の背景

ある会社が他の会社を子会社化したい場合，会社法上の方法として株式交換を利用することができる。

しかし，株式交換は，「株式会社がその発行済株式（中略）の全部を他の株式会社又は合同会社に取得させること」と定義される（会社2条31号）。すなわち，買収会社が対象会社の発行済株式の「全部」を取得する完全子会社化を企図しない場合，株式交換制度は利用できない。

そのため，対象会社の株式の一部のみを取得しようとする場合には，改正前の会社法上の制度としては，買収会社は，対象会社の株式等を現物出資財産とする募集株式の発行等（自社株式の処分を含む。会社199条1項）の手続を用いる必要があった。しかし，募集株式の発行等の手続によると，原則として，検査役の調査が必要になる（会社207条）ことから，一定の時間を要し，費用が発生する上，引受人である対象会社の株主及び買収会社の取締役等が財産価額塡補責任（会社212条1項2号・213条）を負う可能性がある。また，新株の有利発行規制（会社199条2項・3項，201条1項）の適用を受けるおそれもある。このため，募集株式の発行等を用いた子会社化は利用しづらい状況であった。

そこで，改正法は，ある会社（買収会社）が他の会社（対象会社）を子会社化することを企図しつつ，100％子会社化までは求めない場合に対応する新たな制度として，対象会社の株主等からその株式等を譲渡により取得するとともに，その対価として，買収会社の株式を交付する制度を，組織再編制度の一つとして設けることとなった。

③　株式交付制度の特徴

イ　対価として買収会社の株式を交付すること

　改正会社法2条32号の2は，株式交付は，「株式会社が（中略）他の株式会社の株式を譲り受け，当該株式の譲渡人に対して当該株式の対価として当該株式会社の株式を交付する」制度である旨を定める。

　このように，対価となるのは買収会社の株式と限定されており，三角株式交換の場合（会社800条参照）のように，対象会社の株主である譲渡人が対象会社の株式を買収会社に譲渡する対価として，買収会社のさらに親会社の株式を交付するようなことは想定されていない。また，株式交換の場合のように，無対価で行うことや，金銭のみを交付することも想定の範囲外である。株式交付制度の新設は，募集株式の発行に伴う現物出資規制等の負担が，自社株を対価として他の会社を買収する仕組みを実現することの支障になっているという指摘を出発点としており，譲渡の対価を買収会社の株式とすることが基礎となっているからである。

　ただし，株式と併せて，新株予約権，社債，金銭等を対価とすることは可能である。

ロ　対象会社を子会社化する制度であること

　上記の改正会社法2条32号の2のとおり，株式交付は，対象会社を買収会社の「子会社」とするための制度である。

　ただし，この「子会社」化は，会社法2条3号に定める子会社のうち，「法務省令で定めるもの」とする場合に限定され（改正法2条32号の2），会社法（企業統治等関係）の見直しに関する要綱では，「法務省令で定めるもの」とは，会社法2条3号に規定する会社が他の会社等の財務及び事業の方針の決定を支配している場合のうち，会社法施行規則3条3項1号に掲げるものに限られている（要綱第3部第2・1（注1）（注2））。したがって，会社法（企業統治等関係）の見直しに関する要綱どおり会社法施行規則が改正されれば，「子会社」化は，会社法施行規則3条3項が定める場合のうち，1号に掲げる場合となるものに限定され，同項2号や3号に掲げる場合となるものは含まれないことになる。

　このように「子会社」化を限定するのは，会社法施行規則3条3項2号や3号に掲げる場合となるものを含めると，買収会社の意思と同一の内容の議決権を行使すると認められることとなる者が有している議決権の数や，株式交付の

効力発生後に対象会社の取締役会に占める買収会社の役員等の数などといった，必ずしも株式交付の実行前には確認することができない事情を考慮したり，実質的な判断をしたりすることが必要となることから，株式交付の実施の可否を客観的かつ形式的な基準によって判断することができないためである。

ハ　買収会社のみ原則株主総会決議を要すること

　株式交付に係る株主総会決議について，買収会社は原則必要であるが，対象会社は不要とされる。株式交付は，株式交換と異なり，対象会社の株主の株式を一律に奪うものではなく，個別に譲渡手続をとるからである。ただし，下記ニのとおり，対象会社の株式が譲渡制限株式である場合，対象会社の株式の譲渡にあたって，株主総会等の承認が必要となる可能性があることに注意を要する（会社139条１項）。

ニ　株式譲渡承認及び公開買付規制に係る手続も必要であること

　株式交付は，株式譲渡制限や上場会社における公開買付規制とは別の独立した制度であり，これらの例外となる制度ではない。そのため，対象会社が株式譲渡制限会社である場合は，対象会社における譲渡承認手続も必要となり，買収会社が公開買付規制の適用を受ける場合は，同制度も遵守する必要がある。

④　株式交付制度の限界

イ　持分会社は対象会社から除かれること

　上記の改正会社法２条32号の２によれば，株式交付は，他の「株式会社」を子会社化するための制度であって，持分会社を対象会社とすることができない。このような制度設計とされた理由は以下のとおりである。

　すなわち，持分会社は，株式会社のように出資者が業務執行者を別に選任するのではなく，原則として，出資者自身が業務執行の決定も直接行う（会社590条・591条）。そのため，当該持分会社が他の会社の子会社に該当するかどうかの判断には，出資者の業務執行の権限の有無に基づき当該持分会社に対する支配力又は影響力を基準とすることが適当である。そして，持分会社の業務の決定は，持分の過半数でなく，社員又は業務を執行する社員の過半数をもって決定することとされている（会社590条２項・591条１項・２項）。したがって，例えば，ある株式会社が当該持分会社の持分の過半割合を有することとなったとしても，当該株式会社以外の社員が，持分会社の業務を執行する社員として財務及び事業の方針の決定を支配しているような場合も考えられる。そうする

と，持分を取得することのみによっては直ちに当該持分会社を子会社とすることができるわけではない場合もあることとなる。

そのため，持分会社を株式交付制度の対象会社に含めるための，株式交付の実施の可否を判断する客観的かつ形式的な基準を定めるのが困難と考えられる。そこで，持株会社は対象会社から除外されたものである。

ロ　外国会社も対象会社から除かれること

立法過程では，株式交付の対象会社に株式会社と同種の外国会社を含むものとされていたが，改正法においては，対象会社に外国会社は含まれないこととされた。その理由は以下のとおりである。

すなわち，外国会社が株式会社と同種であるかどうかについての判断は，当該外国会社の設立準拠法の内容に基づく評価によらざるを得ない。しかし，外国会社の性質はその類型ごとに千差万別であるため，株式交付を実行するに際して，客観的かつ形式的な基準により株式交付の可否を判断することは必ずしも容易ではない。

そのため，外国会社は対象会社から除外された。

ハ　既存の子会社株式の買い増し等への利用等ができないこと

立法過程では，株式交付制度を，対象会社を新たに子会社化する場合のみではなく，すでに子会社となっている対象会社の株式をさらに取得したい場合にも利用できるようにすべきとの意見もあった。

しかし，改正法は，株式交付を，あくまでも「子会社とするため」の制度と定めている。

これは，株式交付制度が，もともと親子会社関係がなかった買収会社と対象会社との間に親子会社関係を創設する場合に，募集株式の発行等によらずに買収会社の株式を交付し，親子会社関係を円滑に創設したいとの要請に基づく制度として，株式交換その他の組織法上の行為と同様の設計がされたものであることと，株式交付の利用の可否は株式交付の実行前に客観的かつ形式的な基準によって判断できるようにすることが適当であると考えられたことによるものである。

なお，前記③ロのように会社法施行規則が改正されれば，会社法施行規則3条3項2号や3号に掲げる場合の子会社は「子会社」（改正法2条32号の2）にはあたらないため，会社法施行規則3条3項2号や3号に掲げる場合の子会社を会社法施行規則3条3項1号に掲げる場合の「子会社」とするために株式交

付を利用することは可能であると解される。

　それ以外の子会社株式の買増しについては，2018年改正後の産業競争力強化法上の手続に従った買収手段をとることが考えられる。産業競争力強化法に基づく手続は，株式交付と異なり，計画の認定を必要とするものの，子会社に係る買増しの場合や対象会社が外国会社である場合にも利用できる点に特徴がある。

(2)　株式交付計画（改正法774条の3）

　買収会社（以下，条文に合わせて「株式交付親会社」という。また，株式交付親会社が株式交付に際して譲り受ける株式を発行する会社のことを「株式交付子会社」という）は，株式交付計画を作成しなければならない（改正法774条の2後段）。

　株式交付計画の内容の決定については，監査等委員会設置会社の取締役会は，取締役の過半数が社外取締役であっても取締役に委任することができず（改正法399条の13第5項22号），指名等委員会設置会社の取締役会は執行役に委任することができない（改正法416条4項24号）。他の組織再編行為と同様，重要な業務執行行為と解されるからである。

　株式交付親会社が，株式交付を行うにあたり，株式交付計画に定めるべき事項は，以下の①ないし⑧のとおりである。

①　株式交付子会社の商号及び住所

　買収の対象とする会社の特定のため，株式交付計画においては，株式交付子会社の商号及び住所を定めなければならない（改正法774条の3第1項1号）。

②　譲り受ける株式交付子会社の株式数の下限

　株式交付は，株式交付子会社を，会社法施行規則3条3項1号に掲げる場合の子会社にするための制度であるから，株式交付の実施の可否の判断基準として，株式交付計画において，株式交付子会社から取得する当該会社の株式数の下限を定めなければならない（改正法774条の3第1項2号）。

　当然のことながら，この下限は，株式交付子会社が効力発生日において株式交付親会社の子会社となる数を内容とするものでなければならない（改正法774条の3第2項）。

　なお，後述(4)②のとおり，株式交付子会社の株式の譲渡人から給付された株

式数の総数が株式交付計画に定めた下限を下回る場合には，株式交付の効力は発生しないこととなる（改正法774条の11第5項3号）。

③ 対価として交付する株式交付親会社株式の数又はその数の算定方法，資本金及び準備金の額に関する事項

株式交付親会社が株式交付子会社を取得する対価として株式交付親会社の株式を交付することから（改正法2条32号の2），株式交付計画においては，株式交付子会社の株式の譲渡人に対して交付する株式交付親会社の株式の数（種類株式発行会社にあっては，株式の種類及び種類ごとの数）又はその数の算定方法を定めなければならない（改正法774条の3第1項3号）。

また，株式交付により，株式交付親会社の発行済株式数が増加する場合があり，資本金及び準備金の額の見直しが必要となるため，株式交付親会社の資本金及び準備金の額に関する事項も株式交付計画に明示しなければならない（改正法774条の3第1項3号）。

④ 株式交付親会社の株式の割当てに関する事項

株式交付子会社株式の譲渡しの申込み総数が，申込期日までに，株式交付親会社が譲り受ける株式交付子会社の株式数の下限に達した場合は，株式交付親会社は株式交付子会社の株式を譲り受ける相手や譲り受ける数を定め（改正法774条の5第1項），割当てを受けた株式交付子会社の株式の譲渡人から当該株式の給付を受けることになるから（改正法774条の7第2項），株式交付計画において，この割当てに関する事項を定めなければならない（改正法774条の3第1項4号）。

⑤ 対価として金銭等を交付する場合における具体的内容，割当てに関する事項

対価の柔軟性の観点から，株式交付親会社は，株式交付親会社の株式に加えて，社債，新株予約権，新株予約権付社債又は金銭等の株式交付親会社の株式以外の財産を，株式交付子会社株式取得の対価とすることができる。この場合は，交付される財産について，その具体的な内容（改正法774条の3第1項5号）及び割当てに関する事項（改正法774条の3第1項6号）を定めなければならない。

⑥　株式交付子会社の新株予約権等を譲り受ける場合の定め

　株式交付子会社の新株予約権や新株予約権付社債が株式交付後も残存する場合，当該新株予約権が行使されると，株式交付親会社と株式交付子会社との親子関係が崩れる可能性がある。また，公開買付規制が適用されると，新株予約権についても公開買付けによる買取義務が発生するおそれがある。そのため，株式交付親会社は，株式交付子会社の株式と併せて新株予約権や新株予約権付社債も譲り受けることができる。この場合には，株式交付計画において，譲渡の対象となる新株予約権又は新株予約権付社債の内容及び数又はその算定方法（改正法774条の3第1項7号），対価として金銭等（株式交付親会社の株式を含む）を交付する場合における具体的内容（改正法774条の3第1項8号）や割当てに関する事項（改正法774条の3第1項9号）を定めなければならない。

⑦　申込期日

　株式交付は，株式交付親会社が株式交付子会社の株主からその有する株式を個別に譲り受けることにより成立するものであり，株式交付親会社がどの株式交付子会社株主からどの程度の株式を譲り受けるかについて効力発生前に割当てをすることが予定されていることからも（改正法774条の4），申込みの期限を設定する必要がある（改正法774条の3第1項10号）。

　なお，後述(3)⑦のとおり，株式交付子会社の株式の譲渡の申込みの総数が，申込期日までに，株式交付親会社が譲り受ける株式交付子会社の株式数の下限（改正法774条の3第1項2号）に達しなければ，株式交付親会社が株式交付子会社の株式の割当てを決めることや改正会社法774条の4第2項の申込みをした者（以下，「申込者」という）が譲渡人となることができず（改正法774条の10），株式交付の効力は発生しないこととなる（改正法774条の11第5項3号）。

⑧　効力発生日

　株式交付は，株式交付親会社が株式交付子会社の株主から同社株式を譲り受け，その対価として株式交付親会社の株式を交付する制度であるから，株式交付親会社が株式交付子会社の株式を譲り受け，かつ株式交付子会社の株式譲渡人が株式交付親会社の株主となるべき日を株式交付計画において定める必要がある（改正法774条の3第1項11号）。

(3) 株式交付子会社の株式の譲渡等

① 申込みをしようとする者への通知

　改正会社法774条の4第1項は,「株式交付親会社は,株式交付子会社の株式の譲渡しの申込みをしようとする者に対し,次に掲げる事項を通知しなければならない。」旨定め,「株式交付親会社の商号」(同1号),「株式交付計画の内容」(同2号),その他法務省令で定める事項(同3号)を通知しなければならないものとしている。

　本規定は,株式交付親会社が,株式交付親会社に株式交付子会社株式の譲渡しをしようとする者に対して,十分な判断材料を事前に提供することを義務付ける趣旨の規定である。

　ただし,改正会社法774条の4第4項によれば,上記の事項が記載されている金融商品取引法2条10項所定の目論見書を株式交付子会社の株式の譲渡しの申込みをしようとする者に対して交付している場合その他株式交付子会社の株式の譲渡しの申込みをしようとする者の保護に欠けるおそれがないものとして法務省令で定める場合には,上記の事項を別途通知する必要はないものとされている(以上につき,**図表7-1**参照)。

　このような場合には,株式交付子会社の株式の譲渡しの申込みをしようとする者は,株式交付親会社から直接通知を受けなくても,金融商品取引法上の目論見書その他の資料により,通知事項に関する情報を得ることができるからである。

【図表7-1:申込みをしようとする者への通知】

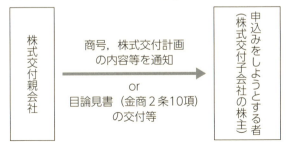

② 申込みをする者の株式交付親会社に対する通知

改正会社法774条の4第2項は，「株式交付子会社の株式の譲渡しの申込みをする者は，前条第1項第10号の期日までに，次に掲げる事項を記載した書面を株式交付親会社に交付しなければならない。」としている。そこで，株式交付子会社の株式の譲渡しの申込みをする者は，(i)申込みをする者の氏名又は名称及び住所（改正法774条の4第2項1号）及び(ii)譲り渡そうとする株式交付子会社の株式の数（株式交付子会社が種類株式発行会社である場合にあっては，株式の種類及び種類ごとの数）（改正法774条の4第2項第2号）を株式交付親会社に交付する書面に記載しなければならない。

なお，この株式交付子会社株式の譲渡しの申込みをする者は，前記の書面の交付に代えて，政令で定めるところにより，株式交付親会社の承諾を得て，上記(i)(ii)を電磁的方法により提供することもできる（改正法774条の4第3項。以上につき，**図表7－2**参照）。

【図表7－2：申込みをしようとする者の株式交付親会社に対する通知】

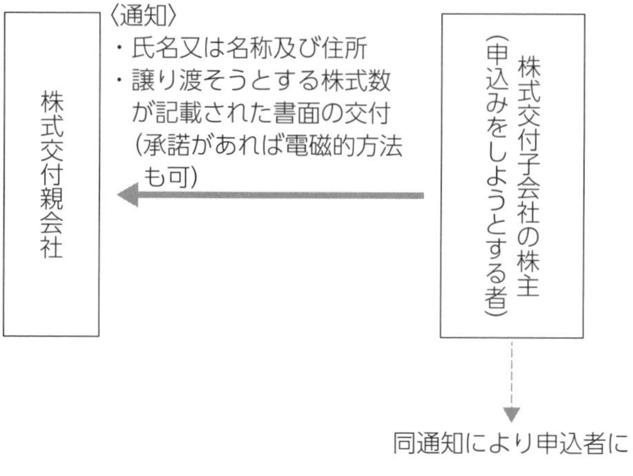

③ 割当ての決定

改正法774条の5第1項前段は，「株式交付親会社は，申込者の中から当該株式交付親会社が株式交付子会社の株式を譲り受ける者を定め，かつ，その者に割り当てる当該株式交付親会社が譲り受ける株式交付子会社の株式の数（株式交付子会社が種類株式発行会社である場合にあっては，株式の種類ごとの数。（中

略))を定めなければならない」旨を定める。

また，同条後段は，「この場合において，株式交付親会社は，申込者に割り当てる当該株式の数の合計が（改正法：筆者注）第774条の3第1項第2号の下限の数を下回らない範囲内で，当該株式の数を前条（改正法774条の4：筆者注）第2項2号の数よりも減少することができる」旨を定める。

例えば，株式交付子会社が種類株式発行株式会社ではなく，株式交付親会社が株式交付計画において譲り受ける株式交付子会社の普通株式の数の下限を1万株と設定しており，株式交付子会社株主Aから1万株の普通株式の譲渡しの申込みがあり，同じく株主Bからも1万株の普通株式の譲渡しの申込みがあった場合，株式交付親会社は，A，Bの譲り渡すべき株式数をいずれも5,000株として割り当てることができる。

④ 割当数の通知

改正法774条の5第2項は，「株式交付親会社は，効力発生日の前日までに，申込者に対し，当該申込者から当該株式交付親会社が譲り受ける株式交付子会社の株式の数を通知しなければならない」旨を定める（**図表7－3**参照）。

上記③の例の場合，株式交付親会社は，A及びBに対し，譲り渡すべき株式交付子会社の株式数を5,000株とする旨を通知する義務があることになる。

【図表7－3：割当数の通知】

⑤ 総数譲受けの場合の適用除外

改正会社法774条の6は，上記①ないし④を内容とする改正会社法774条の4及び774条の5の規定は，「株式交付子会社の株式を譲り渡そうとする者が，株式交付親会社が株式交付に際して譲り受ける株式交付子会社の株式の総数の譲

渡しを行う契約を締結する場合には，適用しない」旨定める。

これは会社法205条1項の募集株式発行等における総数引受契約を締結した場合の規律を参考にした規定である。

このような場合は，特定の者との契約によって株式交付子会社株式の株式交付親会社への譲渡しが行われるため，申込手続や割当手続が必要ないからである。

⑥ 譲渡人による給付
イ 譲渡人

申込者は，改正法774条の5第2項の規定による通知（上記④）を受けた株式交付子会社の株式の数について，株式交付における株式交付子会社の株式の譲渡人となる（改正法774条の7第1項1号。**図表7-4**参照）。

また，株式交付親会社が株式交付に際して譲り受ける株式交付子会社の株式の総数の譲渡しを行う契約を締結する場合（上記⑤）に，当該契約により株式交付親会社が株式交付に際して譲り受ける株式交付子会社の株式の総数を譲り渡すことを約した者は，その者が譲り渡すことを約した株式交付子会社の株式の数について，株式交付における株式交付子会社の株式の譲渡人となる（改正法774条の7第1項2号）。

【図表7-4：申込者から譲渡人に】

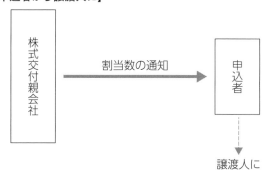

ロ 譲渡人の効力発生日の給付義務

上記イにより株式交付子会社の株式の譲渡人となった者は，株式交付の効力発生日に，上記イ記載の数の株式交付子会社株式を株式交付親会社に給付しな

ければならない（改正法774条の7第2項。**図表7−5**参照）。

【図表7−5：譲渡人による株式交付子会社株式の給付】

⑦　申込総数が下限に満たない場合

　株式交付計画で定めた申込期日（改正法774の3第1項10号）において申込者が譲渡しの申込みをした株式交付子会社の株式の総数が株式交付計画で定めた下限の数（改正法774条の3第1項2号）に満たない場合，改正会社法774条の5及び改正会社法774条の7（同条1項2号を除く）の規定は適用されない（改正法774条の10）。

　すなわち，この場合には，後述(4)②のとおり，株式交付の効力が発生しないので，株式交付親会社において，申込者が譲り渡すべき株式交付子会社の株式

【図表7−6：申込総数が下限に満たない場合の手続】

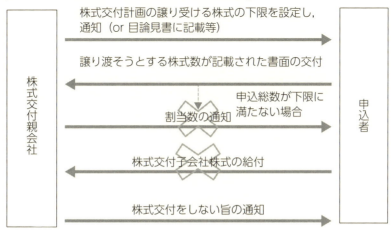

数を割り当ててそれを当該申込人に通知する必要はなく，申込者が譲渡人になることもなく，申込者が株式交付子会社株式の給付義務を負うこともない。

なお，このような場合，株式交付親会社は，株式交付子会社の株式の譲渡人に対して，遅滞なく，株式交付をしない旨を通知しなければならない（改正法774条の11第6項前段。後記(4)②ロ。以上につき，**図表7－6**参照）。

⑧ 通知事項の変更の通知

改正会社法774条の4第1項各号に掲げる事項について変更があったときや，改正会社法816条の9第1項の規定により効力発生日（改正法774条の3第1項11号）を変更したとき，その効力発生日の変更に伴い，改正会社法816条の9第5項の規定に基づき，改正会社法774条の3第1項10号の申込期日を変更したときには，株式交付親会社は，その旨及び当該変更があった事項を直ちに申込者に通知しなければならない（改正法774条の4第5項）。

⑨ 通知又は催告の発送及び到達

割当数の通知や変更の通知のような，株式交付親会社が申込者に対してする通知又は催告は，申込者が株式交付親会社に対して書面により知らせた改正法774条の4第2項1号の住所に宛てて発すれば足り（改正法774条の4第6項），「その通知又は催告が通常到達すべきであった時」に到達したものとみなされる（改正法774条の4第7項）。これらは，募集株式の発行をする株式会社がその募集に応じて募集株式の引受けの申込みをしようとする者に対してする通知又は催告に関する規定（会社203条6項・7項）と同趣旨の，会社側を手続上保護する規定である。

⑩ 意思表示の瑕疵の規定の適用の制限

民法93条1項但書及び同法94条1項の規定は，改正法774条の4第2項の申込み，改正法774条の5第1項の割当て及び改正法774条の6の株式交付親会社が譲り受ける株式交付子会社株式の総数の譲渡契約に係る意思表示については適用されない（改正法774条の8第1項）。

すなわち，株式交付子会社株主が真意でなく株式交付親会社に対して株式の譲渡しの申込みをした場合，株式交付親会社が当該株主の申込みが真意でないことを知り，又は知り得た（民93条1項但書）としても当該株主の申込みは無

効とならない。そして，株式交付親会社が真意でなく株式交付子会社株主に割当てを行い，株式交付子会社株主がその割当てが真意でないことを知り，又は知り得た（民93条1項但書）としても，その割当ては無効とはならない。さらに，株式交付親会社と株式交付子会社株主が通謀して虚偽の申込み及び割当てをした（民94条1項）としても，それらは無効とはならない。

また，株式交付子会社の株式の譲渡人は，改正法774条の11第2項の規定により株式交付親会社の株式の株主となった日から1年を経過した後又はその株式について権利を行使した後は，錯誤，詐欺又は強迫を理由として，株式交付子会社株式の譲渡しの取消しをすることができない（改正法774条の8第2項）。

株式交付子会社の株式の譲渡人は，原則として錯誤，詐欺又は強迫を理由とする場合には，意思表示の瑕疵による取消しを主張し得るが，株式交付親会社株主となった日から1年を経過した後にまで取消しの主張を認めると，株式交付による法律関係の変動の安定が損なわれるため，これを禁止することとしている。さらに，株式交付子会社の株式の譲渡人が，株式交付親会社株主となって，株主権を行使した場合には，申込みの意思表示の取消しを主張する権利を放棄したものとみなすことが妥当であるため，この場合にも，取消権の行使は禁止することとしている。

これらは会社法211条にならった規定であり，株式交付手続やその後の法律関係の安定を図るための規定であるといえる。

⑪　株式交付子会社の新株予約権等も譲り渡す場合

株式交付計画に定めることにより（上記(2)⑥），株式交付親会社は，株式交付に際して，株式交付子会社の株式と併せて，株式交付子会社の新株予約権又は新株予約権付社債（以下，「新株予約権等」と総称する）を譲り受けることもできる（改正法774条の3第1項7号）。改正法774条の9は，改正法774条の3第1項7号に規定する場合における株式交付子会社の新株予約権等の譲渡しについても，改正法774条の4から774条の8までの規定（上記⑦を除く①ないし⑩参照）を準用し，株式の譲受けの場合と同様の規律に従うものとしている。

(4)　株式交付の効力の発生

①　効力発生の効果

株式交付親会社は，効力発生日に，改正法774条の7第2項による給付を受

けた株式交付子会社の株式を譲り受ける（改正法774条の11第１項）。

そして，上記により株式交付子会社の株式を給付した譲渡人が，効力発生日において，改正法774条の３第１項４号に掲げる事項（株式交付親会社の株式の割当てに関する事項）についての定めに従い，株式交付親会社の株主となる（改正法774条の11第２項）。

また，株式交付親会社が株式交付子会社の株式の譲渡人に対して株式交付の対価として株式交付親会社の社債，新株予約権，新株予約権付社債を交付する場合（改正法774条の３第１項５号イないしハ），譲渡人は，効力発生日において，新株予約権，社債，新株予約権付社債の権利者となる（会社法774条の11第３項）。株式交付親会社が株式交付子会社の株式と併せて新株予約権や新株予約権付社債も譲り受け，これらの譲渡人に対して新株予約権等の対価として株式交付親会社の株式，社債，新株予約権，新株予約権付社債を交付する場合（改正法774条の３第１項８号イないしニ）は，譲渡人は，効力発生日において，株式，新株予約権，社債，新株予約権付社債の権利者となる（会社法774条の11第４項）。

② 効力が発生しない場合

イ 類 型

株式交付の効力は以下の場合に発生しない（改正法774条の11第５項）。

　i　効力発生日に債権者異議手続（改正法816条の８）が終了していない場合（改正法774条の11第５項１号）

　ii　株式交付親会社が株式交付を中止した場合（改正法774条の11第５項２号）

　iii　効力発生日において株式交付親会社が株式交付子会社の株式の譲渡人から譲り受けることとなった株式交付子会社の株式の総数が，株式交付計画において定めた下限の数に満たない場合（改正法774条の11第５項３号）

　iv　効力発生日において株式交付親会社の株式の株主となる者がない場合（改正法774条の11第５項４号）

ロ 通知義務

株式交付親会社は，前記イのいずれかに該当することにより株式交付の効力が発生しないこととなった場合，株式交付子会社の株式等の譲渡人に対して，遅滞なく，株式交付をしない旨を通知しなければならない（改正法774条の11第６項前段）。

ハ　返還義務

　株式交付親会社は，株式交付子会社の株主から給付を受けた株式交付子会社の株式又は新株予約権等がある場合には，遅滞なくこれらをその譲渡人に返還しなければならない（改正法774条の11第6項後段）。

(5)　株式交付親会社の組織法上の手続

①　概　要

　株式交付は，実体的には，部分的な株式交換として位置付けられる。他方で，株式交付子会社は当事会社ではなく，相手方となる会社が存在しない点など株式交換とは性質上異なる点（その意味で株式移転に類似する）がある。このように，株式交付が組織法上の行為であると位置付けられる点を踏まえ，手続面では，株式交換・株式移転と同様の手続が求められると考えられる。

　そのため，株式交付親会社においては，原則として株式交付計画の承認について株主総会特別決議を要し（改正法816条の3。なお，後述③ロのとおり，簡易手続が認められる場合がある），反対株主は株式買取請求権を行使でき（改正法816条の6），債権者異議手続を備えるもの（改正法816条の8）とした上で，株式交付子会社株式の現物出資に係る検査役調査等の規制（会社207条）及び株式募集に係る有利発行規制（会社199条2項・3項・201条1項）は適用されないものとしている。

　また，株式交付制度は，子会社を新たに創設するためのものであって，すでに特別支配関係（総議決権の10分の9以上を有する関係）がある会社間を対象外とするため，略式手続は用意されていない。

　なお，株式交付親会社が公開買付規制の適用を受ける場合は，同制度も遵守する必要がある。また，株式交付子会社株式が譲渡制限株式である場合には，株式交付子会社において，譲渡承認手続（会社136条以下）を要する（上記(1)③ニ）。

　立法過程においては，譲渡人以外の株式交付子会社株主の保護の必要性の観点から，株式交付子会社の株主総会を必要とすべきとの意見もあったが，株式交付の実質が個別の株式の有償譲渡であることに鑑み，既存の譲渡制限株式の制度及び金融商品取引上の規制の適用により保護が図られるものとされた。

　株式交付手続の流れは，概要，**図表7−7**のとおりである。

【図表7-7:株式交付手続の流れ】

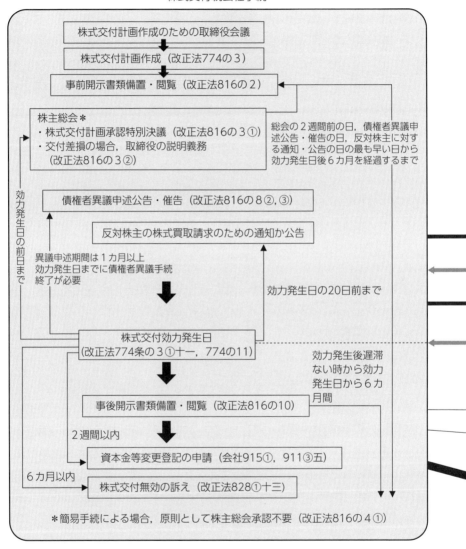

第7章 株式交付　135

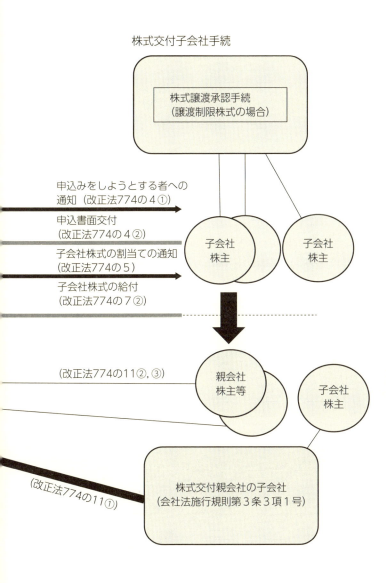

② 事前開示手続

株式交付親会社は，株式交付計画備置開始日から効力発生日後6カ月を経過するまでの間，株式交付計画の内容その他法務省令で定める事項を記載し，又は記録した書面又は電磁的記録をその本店に備え置かなければならない（改正法816条の2第1項）。ここで株式交付計画備置開始日とは，株式交付計画承認決議のための株主総会の日の2週間前の日，株式買取請求のための通知の日又は公告の日のいずれか早い日，債権者異議手続における公告の日又は催告の日のいずれかのうち，最も早い日をいう（改正法816条の2第2項）。

なお，株式交付親会社の株主及び債権者による上記書面等の閲覧請求等の仕組みも整備された（改正法816条の2第3項）。

③ 株式総会の決議による承認

イ 特別決議

株式交付親会社は，効力発生日の前日までに，株主総会の特別決議によって，株式交付計画の承認を受けなければならない（改正法816条の3第1項）。

なお，株式交付子会社の株式及び新株予約権等（以下，「子会社株式等」という）の譲渡人に対して株式交付親会社が交付する金銭等（親会社の株式等を除く）の帳簿価額が，子会社株式等の額として法務省令で定める額を超える（株式交付差損が生じる）場合には，取締役は，上記特別決議を行う株主総会において，その旨を説明しなければならない（改正法816条の3第2項）。これは，株式交付による親会社の財務内容への影響を株主が評価吟味するため，取締役に説明義務を課したものである。

ロ 簡易株式交付手続

株式交換に準じて，株式交付子会社の株主に対して株式交付親会社が交付する株式その他の財産の価額の純資産額に対する割合が一定水準を超えない場合，株主総会による承認を要しないものとする簡易手続が設けられた（改正法816条の4）。

具体的には，株式交付親会社が株式交付にあたって交付する親会社株式を含む財産合計額が純資産額の5分の1（定款によってこれを下回る割合を規定可）を超えない場合には，株式交付親会社の資産に対する影響の程度が限定的であることに鑑み，上記イの手続は要しないとされている（改正法816条の4第1項本文）。

ただし，株式交付差損が計上される場合又は株式交付親会社が公開会社でない場合は，株主による判断を要するという点から，この簡易手続によることはできない（改正法816条の4第1項但書）。

また，上述の簡易株式交付手続の要件を満たす場合であっても，法務省令で定める数の株式を有する株主が，株主に対する通知の日から2週間以内に株式交付に反対する旨を株式交付親会社に対し通知したときも，親会社は株式交付計画について株主総会特別決議による承認を受けなければならない（改正法816条の4第2項）。

④　株式交付の差止め

株式交付が法令又は定款に違反する場合において，株式交付親会社の株主が不利益を受けるおそれがあるときは，株式交付親会社の株主は，株式交付親会社に対し，当該株式交付をやめることを請求することができる（改正法816条の5本文）。

ただし，簡易手続の要件を満たす場合にはこの限りでない（改正法816条の5但書）。もっとも，上記③ロの簡易株式交付手続において，株主総会特別決議を要するとされる場合には，株主交付親会社の株主は，株式交付をやめることの差止請求が可能である（改正法816条の5但書括弧書）。

⑤　反対株主の株式買取請求

株式交付親会社が株式交付を行う場合，反対株主は，株式交付親会社に対し，自己の有する株式を公正な価格で買い取ることを請求することができる（改正法816条の6第1項本文）。ただし，簡易手続の要件を満たす場合（上記③ロの簡易株式交付手続において，株主総会特別決議を要するとされる場合を除く）には，この限りでない（改正法816条の6第1項但書）。株式交付親会社は，効力発生日の20日前までに，その株主に対し，株式交付をする旨等を通知（改正法816条の6第3項）又は公告（改正法816条の6第4項）しなければならない。

株式交換と同様，反対株主の利益を保護するため，株式買取請求権が設けられたものである。

⑥　債権者異議手続

株式交換の場合の対価の柔軟化と同様，株式交付子会社の株主に対して交付

する金銭等（株式交付親会社の株式を除く）が親会社の株式に準ずるもののみである場合以外の場合には，株式交付親会社の債権者は，株式交付親会社に対し，株式交付について異議を述べることができる（改正法816条の8第1項）。

　株式交付においても，金銭等株式交付親会社の株式以外の財産が交付される場合は，財産の流出が生じ，債権者が害されるおそれが生じることから，株式交換における対価の柔軟化への対応と同様に，債権者保護手続が設けられたものである。

⑦　効力発生日の変更

　株式交付親会社は，株式交付の効力発生日を，株式交付計画において定めた当初の効力発生日からその前後3カ月以内の日（改正法816条の9第2項）に変更することができる（改正法816条の9第1項）。この場合，株式交付親会社は，変更前の効力発生日（変更後の効力発生日が変更前の効力発生日より前の日である場合は，当該変更後の効力発生日）の前日までに変更後の効力発生日を公告しなければならない（改正法816条の9第3項）。

　また，株式交付親会社は，効力発生日とともに子会社株式等の譲渡しの申込みの期日を変更することができる（改正法816条の9第5項）。この申込みの期日の変更も，効力発生日と同様に公告しなければならない（改正法816条の9第6項・3項）。

⑧　事後開示手続

　株式交付親会社は，効力発生日後遅滞なく，株式交付により株式交付親会社が譲り受けた株式交付子会社の株式の数その他の株式交付に関する事項として法務省令で定める事項を記載し，又は記録した書面又は電磁的記録を作成し（改正法816条の10第1項），効力発生日から6カ月間，本店に備え置かなければならない（改正法816条の10第2項）。また，株式交付親会社の株主及び債権者による当該書面等の閲覧請求等についても，規定が整備された（改正法816条の10第3項）。

⑹　株式交付無効の訴え

　株式交付の無効は，株式交付の効力が生じた日から6カ月以内に，訴えをもってのみ主張することができる（改正法828条1項13号）。

第7章　株式交付　139

　出訴権者は，株式交付の効力が生じた日において株式交付をする株式親会社の株主等（会社828条2項1号参照），すなわち株主，取締役又は清算人（監査役設置会社にあっては監査役，指名委員会等設置会社にあっては執行役を含む）のほか，株式交付に際して株式交付親会社に株式交付子会社の株式もしくは新株予約権等を譲り渡した者又は株式交付親会社の株主等，破産管財人もしくは株式交付について承認をしなかった債権者である（改正法828条2項13号）。

　被告は，株式交付親会社である（改正法834条12号の2）。

　株式交付無効の訴えは，「会社の組織に関する訴え」として，同訴えに関するその他の条項も適用される（会社828条ないし839条）。

2　実務への影響

　株式交付制度は，株式を対価とする買収制度（対象会社の子会社化）の選択肢を追加拡充するものである。

　株式を対価とする買収は，買収資金の調達の必要がないため，限定的な手元資金で大規模な買収を実現できる手段であり，また新興・中小企業等の手元資金に余裕がない企業にも買収の可能性を開くものである。さらに，買収の対象となる会社の株主としても，対価として買収会社の株式を取得できれば，統合後のシナジーを享受することが期待できる。

　このようなメリットがある株式を対価とする会社法上の従来の買収制度としては株式交換があるが，株式交換制度は，対象会社の発行済株式の全てを取得する場合，すなわち対象会社を完全子会社にする場合に限られている。これに対し，本改正によって導入された株式交付は対象会社の議決権の過半数を有することを目的としており，100％子会社化を企図していない場合に使える点で利用範囲が広い。もっとも株式交付は，すでに対象会社の過半数の議決権を有している場合に支配力を増すため子会社株式を買い増す場合には利用できない制度となっている。

　このほか，産業競争力強化法において対象会社を完全子会社化しない形での自己株式を対価とする買収が認められていたところ，2018年改正によって買収会社と対象会社株主との相対取引にも現物出資規制や有利発行規制等を適用し

ないという会社法の特例が利用できるようになり，併せて，税法上も，対象会社株主に生じた株式の譲渡損益に対する課税繰延べも認められるようになった。ただし，これは買収会社の事業再編計画に対する主務大臣の認定が前提となる制度となっている。これに対し，会社法上の株式交付制度は，主務大臣の認定等は不要である。

　このように，既存の株式会社を子会社化する手段として株式交換に加えて新設された株式交付制度は，実務上企業再編を加速する有効なツールになり得る。もっとも，子会社の株式買い増しや外国会社，持分会社を子会社化する場面には適用がないことなど自由度に欠ける面もあり，また，税法上，株式交付子会社株式の譲渡人に対する課税上の手当てはいまだなされていない。特に税制については，早急に何らかの手当てがなされることが強く望まれるところである。

　株式を対価とする買収制度の相互比較として，株式交付制度と株式交換，現物出資による新株発行及び改正産業競争力強化法による買収制度についてそれぞれの特徴を整理すると，**図表7－8**のとおりである。

第7章 株式交付 141

【図表7-8 株式交付と従来からの買収制度との比較】

	現物出資による新株発行等（会社法199条以下）	改正産業競争力強化法による事業再編（同法32条）	株式交換（会社法767条以下）	株式交付（改正法774条の2以下）
法的性質	取引行為	取引行為	組織再編	組織再編
買収会社	株式会社 合同会社 合資会社 合名会社	株式会社	株式会社 合同会社	株式会社
対象会社	規制なし	株式会社 外国会社	株式会社	株式会社
完全子会社化	不要	不要	必要	不要
買い増しの可否	可能	可能	可能	不可
検査役検査	必要	不要		
財産価額填補責任	適用あり	適用なし		
有利発行規制	適用あり	適用なし		
買収会社での決定手続	【公開会社】 原則：取締役会決議のみ 【非公開会社】 株主総会特別決議	【公開会社】 原則：株主総会特別決議 簡易手続：取締役会決議のみ＊ 【非公開会社】 株主総会特別決議		
差止請求	あり	あり	原則あり	原則あり
反対株主の買取請求権	なし	あり	原則あり	原則あり
債権者異議手続	なし	なし	原則あり	原則あり
対象会社での決定手続	不要 （譲渡制限会社の場合，譲渡承認手続要）	不要 〈同左〉	略式手続の場合を除き，株主総会特別決議	不要 （譲渡制限会社の場合，譲渡承認手続要）

＊一定数の株主が反対の通知をした場合，株主総会特別決議が必要

第8章

その他の改正事項

1　株式併合等における事前開示

(1)　改正の内容

〈改正のポイント〉

株式の併合等の端数処理に関する事前開示

　全部取得条項付種類株式の取得又は株式の併合を行う際の端数処理手続において，任意売却の実施及び株主に対する代金の交付の見込みに関する事項等を事前に開示し，情報開示の充実化を図ることが，法務省令で予定されている。

①　端数処理に係る事前開示

　会社が，全部取得条項付種類株式の取得又は株式の併合（以下，「株式の併合等」という）を行う際の端数処理手続（会社234条・235条）に関し，事前開示手続（会社171条の2第1項，会施規33条の2，会社182条の2第1項，会施規33条の9）において本店に備え置かなければならない書面又は電磁的記録に，任意売却の実施及び株主に対する代金の交付の見込みに関する事項等を記載・記録しなければならないことが，法務省令で予定されている。

②　改正の趣旨

　株式の併合等は，実務上少数株主の締め出し（キャッシュ・アウト）の手段

として用いられることがあり，株式の併合等の後，一に満たない端数の処理として，当該株式を競売又は任意売却をして得られた代金を株主に交付する（会社234条1項2号・2項，235条）。

この株式の併合等の効力は，所定の取得日又は効力発生日に生ずるところ（会社173条・182条），株式の併合等の効力発生後に一に満たない端数の処理により株主に実際に交付する代金の額は，任意売却等の結果に依存している。そのため，実際に任意売却等がなされるまでの事情変動等による代金額の低下や，代金不交付のリスクは，株主が負うことになる。

そこで，キャッシュ・アウトを受ける株主に対する情報開示を充実する方法として，具体的には，競売又は任意売却のいずれにする予定であるか及びその理由，競売の申立てをする時期の見込み，任意売却をする予定である場合には，任意売却する株式を買い取る者（任意売却株式買取人）の氏名又は名称・任意売却の実施・株主に対する代金交付の時期・任意売却株式買取人が任意売却の代金のための資金を確保する方法・当該方法の相当性その他の任意売却の実施及び株主に対する代金の交付の見込みに関する事項（当該見込みについての取締役等の判断及びその理由を含む）等の事前開示が，法務省令で予定されている。

このように情報開示を充実させることによって，少数株主が株式買取請求をするか否かを決するにあたっての判断材料が提供されることとなり，少数株主にキャッシュ・アウト時の実効的な選択肢が与えられ，少数株主の地位が不安定になるのが予防されることにつながる。

(2) 実務への影響

① 作業量の負担

キャッシュ・アウトを行う会社側としては，改正前に比して開示する情報が増えることから，その作業量の増加が予想される。ただし，事前の情報開示についてはすでに任意で行われているケースも多く，実務上必ずしも過重な負担とまではいえないと思われる。

② 責任追及訴訟に関する留意点

例えば，事前開示の際，任意売却における株主に対する代金交付の時期について記載をしたにもかかわらず，当該時期を大幅に過ぎても株主が代金の交付を受けられなかったような場合には，事前開示された事項が取締役をはじめと

する会社役員の損害賠償責任追及の根拠となる可能性がある（会社429条１項）。したがって，情報の開示にあたり，会社の役員は記載内容について十分に留意すべきである。

2　責任追及訴訟の和解

(1)　改正の内容

〈改正のポイント〉

責任追及訴訟の和解における監査役等の同意

　株式会社がその取締役等の責任を追及する訴訟において和解をするには，判断の適正を確保するため，機関設計に応じて，各監査役，各監査等委員又は各監査委員の同意を得なければならないものとし，取締役等を補助するため責任追及訴訟に参加する場合や責任の一部免除の議案を提出する場合などと平仄を揃えた。

①　監査役等の同意

　株式会社が，株式会社の取締役（監査等委員及び監査委員を除く。），執行役及び清算人並びにこれらの者であった者（以下，本２において「取締役等」という）の責任を追及する訴訟において和解をするには，次に掲げる当該株式会社の区分に応じ，各区分に定める者の同意を得なければならないものとした（改正法849条の２）。

　　i　監査役設置会社

　　　監査役（監査役が２人以上ある場合にあっては，各監査役）

　　ii　監査等委員会設置会社

　　　各監査等委員

　　iii　指名委員会等設置会社

　　　各監査委員

② 改正の趣旨

会社法においては，取締役等を補助するために取締役等に対する責任追及訴訟に参加する場合や，監査等委員及び監査委員を除く取締役並びに執行役の責任の一部免除の議案を提出する場合などについて，各監査役，各監査等委員又は各監査委員の同意を得なければならないとされていた（会社849条3項・425条3項・426条2項。**図表8－1**参照）。しかしながら，取締役等の責任追及訴訟における和解については，このような規律がなく，和解手続が不明確であったところ，会社の判断の適正を確保するという趣旨は同じであることから，これらの制度との平仄を図り，手続の明確化を図ったものである。

【図表8－1：同意が必要な場合】

各監査役，各監査等委員又は各監査委員の同意が必要な場合
(i) 取締役等を補助するため責任追及訴訟に参加する場合（会社849条3項）
(ii) 監査等委員及び監査委員を除く取締役並びに執行役の株式会社に対する損害賠償責任（会社423条1項）の一部免除の議案を株主総会に提出する場合（会社425条3項）
(iii) 監査等委員及び監査委員を除く取締役並びに執行役の責任について，取締役の過半数の同意又は取締役会の決議によって免除する定めを定款に設ける議案を株主総会に提出する場合（会社426条2項）
(iv) 上記定款の定めに基づき，監査等委員及び監査委員を除く取締役並びに執行役の責任を免除するにあたり，取締役の同意を得る場合又は議案を取締役会に提出する場合（会社426条2項）
(v) 株式会社がその取締役等の責任追及訴訟において和解する場合（改正法849条の2）

(2) 実務への影響

① 会社の代表

改正会社法では規定されなかったが，会社が責任追及訴訟において訴訟上の和解をする場合，誰が会社を代表するかという問題がある。

この場合，(i)会社が原告として訴えを提起し，原告として和解する場合と，(ii)株主から株主代表訴訟が提起され，会社が利害関係人又は補助参加人として参加した訴訟において和解する場合がある。

このうち(i)の場合は，訴訟自体において会社を代表するのが監査役，監査等委員，監査委員等であるため（会社386条1項1号・399条の7第1項・408条1

項・491条参照），原告である会社を代表して和解をするのは当然に監査役，監査等委員，監査委員等となると解される。

他方で，(ii)の場合に，会社が利害関係人又は補助参加人として訴訟に参加すし，その中で和解をすることについては，監査役等は一度，責任追及訴訟を提起しないことが相当である旨の判断をしているのであるから，取締役と会社との利益相反の程度は，(i)の場合の会社が原告として和解をする場合ほど強くない。そのため，各監査役等の同意を得ることを条件に，業務に関する一切の裁判上又は裁判外の行為をする権限を有する代表取締役（会社349条4項），代表執行役（会社420条3項）又は代表清算人（会社483条6項）が会社を代表するものと解される。

以上からすれば，これを超える定めは不要であるとされたため，改正会社法では和解の代表者の定めは設けられなかったが，誰が会社の代表者として，いかに訴訟上の和解をするかにつき，手続を誤らないよう留意する必要がある。

② 利益相反

会社が利害関係人又は補助参加人として和解をするときは，和解が利益相反取引のうちの直接取引（会社356条1項2号・365条1項）に該当するものとして利益相反取引規制を適用すべきかという問題がある。

この点について，立法過程では，各監査役等の同意が必要とされている以上，利益相反取引規制を適用する必要性は大きくないのではという意見があったが，最終的には，解釈に委ねるとされた。

したがって，実務上の手続が確定するまでは，和解にあたって，監査役等の同意のほか，株主総会又は取締役会（ただし，被告である取締役を特別利害関係人として排除することが必要）における承認を経ることを検討すべきであろう。

3 取締役等の欠格事由

(1) 改正の内容

〈改正のポイント〉

成年被後見人等による取締役等の就任

取締役等の欠格事由から成年被後見人及び被保佐人が除外され，成年被後見人や被保佐人も，一定の要件の下，取締役等に就任可となるとともに，その取締役等の資格に基づく行為について，行為能力取消しはできないこととなった。

① 成年被後見人等の取締役等への就任

成年被後見人及び被保佐人は取締役，監査役，執行役，清算人，設立時取締役又は設立時監査役（以下，「取締役等」という）となることができないとする改正前会社法331条1項2号を削除した上で，次のiからⅳに関する規定を追加するものとした（改正法331条の2〔取締役〕，39条5項〔設立時取締役及び設立時監査役〕，335条1項〔監査役〕，402条4項〔執行役〕，478条8項〔清算人〕）。

i 成年被後見人が取締役等に就任するには，その成年後見人が，成年被後見人の同意（後見監督人がある場合にあっては，成年被後見人及び後見監督人の同意。以下iにおいて同じ）を得た上で，成年被後見人に代わって就任の承諾をしなければならないものとする。この場合において，成年被後見人がした就任の承諾又は成年後見人が成年被後見人の同意を得ないでした就任の承諾は，その効力を生じないものとする（改正法331の2第1項）。

ii 被保佐人が取締役等に就任するには，その保佐人の同意を得なければならないものとする。この場合において，被保佐人が保佐人の同意を得ないでした就任の承諾は，その効力を生じないものとする（改正法331の2第2項）。

iii iは，保佐人が民法876条の4第1項の代理権を付与する旨の審判に基づき被保佐人に代わって就任の承諾をする場合について準用するものとする（改正法331の2第3項）。

iv　成年被後見人又は被保佐人がした取締役等の資格に基づく行為は，行為能力の制限によっては取り消すことができないものとする（改正法331の2第4項）。

このiないしivをまとめると，**図表8－2**のとおりとなる。

【図表8－2：成年被後見人・被保佐人による取締役等への就任手続など】

	成年被後見人		被保佐人	
	後見監督人		就任承諾に係る 保佐人の代理権	
	あり	なし	あり	なし
就任承諾の主体	成年後見人		保佐人	被保佐人
就任同意の主体	成年被後見人 ＋後見監督人	成年被後見人	被保佐人	保佐人
同意を得ないでした就任承諾の効力	生じない			
行為能力取消し	不可			

②　改正の趣旨，経緯

　2016年5月13日に施行された成年後見制度の利用の促進に関する法律11条2号は，成年後見制度の利用の促進に関する施策の基本方針として，成年被後見人等の人権が尊重され，成年被後見人等であることを理由に不当に差別されないよう，成年被後見人等の権利に係る制限が設けられている制度について検討を加え，必要な見直しを行うことを挙げる。

　これを受け，2017年3月24日に閣議決定された成年後見制度利用促進基本計画は，成年後見制度に基づく欠格条項が数多く存在することが成年後見制度の利用を躊躇させる要因の一つになっているとの指摘を踏まえ，上記見直しを速やかに進めるべきとする。さらに，2019年6月14日に公布された成年被後見人等の権利の制限に係る措置の適正化等を図るための関係法律の整備に関する法律附則7条は，法人の役員の資格を成年被後見人又は被保佐人であることを理由に制限する旨の規定について，同法律公布後1年以内を目途に検討を加え，必要な法制上の措置を講ずるとしている。このような流れを受け，本改正は会社法においても欠格事項について見直しを行ったものである。

指摘事項としては上述の他，(i)成年後見制度における民法上の事理弁識能力は，財産管理能力を基準として評価がされるものであるところ，多様な法令に基づく多様な資格や職種，業務等に求められる能力とは質的なずれがある，(ii)同等の事理弁識能力であっても，成年後見制度を利用している者のみが一律に排除され，能力を発揮する機会が失われる，(iii)いわゆるノーマライゼーションやソーシャルインクルージョン（社会的包摂）を基本原理とする成年後見制度を利用することにより，逆に社会的排除という影響を被るといった内容も存在した。そこで，改正会社法は，成年被後見人等を一律に欠格事由とするのではなく，各資格等に応じて規定の見直しを図ることとした。

(2) 実務への影響

① 委任の終了事由

取締役等の欠格事由から成年被後見人が除外されたとはいえ，取締役等は，後見開始の審判を受けることで，その地位を失う点（会社330条・402条3項・478条8項，民法653条3号）を忘れがちであるため留意する必要がある。この者を再度取締役等として再度選任するか否かについては，その後の株主総会で判断することになる。

かかる事態を回避するべく，株式会社と取締役等の間で，後見開始の審判を委任の終了事由としない旨の契約を締結することが考えられる。しかしながら，後見開始の審判を委任の終了事由とする規定が強行法規か否かについて，会社法に明文がなくとも強行規定と解釈することは可能であることを理由に明文化が見送られたという経緯からすると，上述のような契約を締結することは許されないものと解される。

一方，民法上，保佐開始の審判は委任の終了事由とはされておらず，取締役等は，保佐開始の審判を受けることによっては，その地位を失わない。後見開始の審判とは結論が異なるため，注意を要する。

② 成年後見人の判断による取締役等の辞任

成年被後見人である取締役等の認知症が進行するなどといった状況の変化に伴い，これ以上成年被後見人が取締役等として業務を遂行することは困難であると，成年後見人が判断することも想定される。この点，成年後見人は代理権を有することから，成年後見人の判断で，成年被後見人を辞任させることはで

第8章　その他の改正事項　151

きるものと考えられる。そのため，成年後見人は，成年被後見人の状況の変化
に留意する必要がある。

4　登記関係

(1)　新株予約権

①　改正の内容

〈改正のポイント〉

新株予約権の払込金額及び算定方法に関する登記

　新株予約権の募集事項として払込金額又はその算定方法を定めた場合，原則
として払込金額を登記し，算定方法を定めた場合で，登記申請時までに払込金
額が確定しないときに限り，算定方法を登記することとした。

　改正会社法では新株予約権に関する登記事項についての規律を改め，募集新
株予約権について会社法238条1項3号に掲げる事項（募集新株予約権の払込金
額〔募集新株予約権1個と引換えに払い込む金銭の額〕又はその算定方法）を定め
たときは，募集新株予約権の払込金額（同号に掲げる事項として募集新株予約権
の払込金額の算定方法を定めた場合において，登記の申請の時までに募集新株予約
権の払込金額が確定していないときは，当該算定方法）を登記しなければならな
いものとされた（改正法911条3項12号へ）。

　これは，新株予約権の募集事項において払込金額又はその算定方法（会社
238条1項3号）を定めたときは，原則として払込金額を登記し，算定方法を定
めた場合で，登記申請時までに払込金額が確定しないときに限り，算定方法を

【図表8−3：新株予約権の払込金額又はその算定方法に係る登記事項】

新株予約権の募集事項	払込金額の確定		登記事項
払込金額を定めた場合			払込金額
算定方法を定めた場合	払込金額が登記申請時までに	確定	
		確定しない	算定方法

登記することとしたものである（**図表8－3**）。

改正前会社法では，払込金額を算定方法で定めた場合，当該算定方法自体が登記事項となっていたところ（改正前会社911条3項12号ニ），算定方法の登記については，ブラック・ショールズ・モデルに関する詳細かつ抽象的な数式を公示する必要性及び意義の乏しさ，数式の煩雑さからくる登記申請人である会社側の負担が指摘されていた。その一方で，有利発行（会社238条3項・239条2項）や不公正発行（会社285条）の該当性等の判断要素になったり，差止請求（会社247条）や取締役等に対する責任追及（会社285条・286条等）の資料となったりする可能性があるため，登記により公示されるべきとの意見も根強く，両意見を踏まえた折衷案が改正会社法として採用された。

② 実務への影響

新株予約権発行時の登記申請にあたっては，株主総会や取締役会の準備にあたり利用したデータを活用していることが多いと思われるが，新株予約権の募集事項として払込金額の算定方法を定めた後，登記申請時までに払込金額が確定した場合は，登記事項につき修正を施す必要がある。そのため，払込金額の算定方法を定めた場合，払込金額の確定の有無に留意を要する。

また，改正会社法の施行前に登記の申請がされた新株予約権の発行に関する登記の登記事項については，従前の例によるものとされており（改正法附則9条），登記の申請時期にも注意を払う必要がある。

(2) 代表者の住所記載の登記事項証明書

① 改正の内容

〈改正のポイント〉

代表者の住所に係る登記事項証明書への不記載及び
登記情報提供サービスでの不提供

代表者の住所について，一定の場合における登記事項証明書への不記載，及び登記情報提供サービスにおける不提供が，商業登記規則などの改正により見込まれている。

イ　登記に関する代表者の住所の取扱い

　株式会社の代表者が特定の法律に規定する被害者であり，再被害を受けるお
それがある場合において，当該代表者から申出があったときは，登記官は，当
該代表者の住所を登記事項証明書に記載しないことができるとするとともに，
電子通信回線による登記情報の提供に関する法律に基づく登記情報の提供，す
なわち，登記情報提供サービスにおいては，株式会社の代表者の住所に関する
情報を提供しないとすることが，要綱の附帯決議の内容となった。

　前者については，具体的には，会社の代表者から，自己がいわゆるドメス
ティック・バイオレンスの被害者等であり，さらなる被害を受ける恐れがある
ことを理由として，その住所を登記事項証明書に表示しない措置を講ずること
を求める申出があり，その申出を相当と認めるときは，登記官は，その代表者
の住所を登記事項証明書に表示しない措置を講ずることができるとされている。

　当該改正は，会社法及び会社法に基づく法務省令によってではなく，関係法
律に基づく法務省令（商業登記規則，電気通信回線による登記情報の提供に関する
法律施行規則）によって対応することが想定されている。

ロ　改正の趣旨，経緯

　代表者の住所が記載された登記事項証明書（会社911条3項14号・23号ハ）や
その交付請求（商業登記法10条1項）の見直しについては，従前より議論がな
されていたが，個人情報保護の要請が働く反面，代表者を特定するための情報
として重要である，民事訴訟法上の裁判管轄の決定及び送達の場面において，
法人に営業所がないときは代表者の住所が重要な役割を果たしている（民事訴
訟法4条4項・103条・37条）等といった意見もあり，法改正には至っていな
かった。

　このような中，立法過程では主に，(i)代表者の住所が記載された登記事項証
明書について，住所の確認に利害関係を有する者に限り交付請求できるとする
こと，(ii)(i)を前提に弁護士等の資格を有する者に職務上請求を認めること，(iii)
登記情報提供サービスにおける取扱いに関し検討がなされた。

　この点，(i)利害関係を有する者に限り交付請求できるとすることについては，
中小企業との取引において与信審査や与信管理のために代表者の住所が利用さ
れているという実務に支障を来す，「利害関係を有する者」の範囲が不明確で
ある，登記所ごとに判断が異なったり判断に時間が掛かったりする，登記所の
事務負担が過大となる，登記官による要件審査が困難である等といった懸念が

示された。さらに，「利害関係」の範囲に関しては，商業登記法11条の2に基づく附属書類の閲覧を参考に，法律上の利害関係とすることの可否が議論されたが，中小企業における与信審査の実態や，附属書類は公示を予定していないこと等から，附属書類の閲覧とは異なる考慮が必要ではないかとの意見が出された。以上のような検討状況を踏まえ，代表者の住所を登記事項証明書に記載する旨の商業登記法の規律は，基本的に見直さず，限定的な場合に，当該代表者の住所を登記事項証明書に記載しないこととした。

また，(iii)登記情報提供サービスにおける取扱いについては，利害関係や資格の有無に関する判断が困難であり，システム上の課題を含め検討事項が多い。そのため，代表者の住所の閲覧に関し制限を設ける場合，当面は，登記情報提供サービスにおける代表者の住所に関する情報の提供を一律に制限せざるを得ないとされ，例外なく不提供となった。

② 実務への影響

登記情報提供サービスからは，株式会社の代表者の住所を知ることができなくなるため，代表者の住所を知りたい場合は，常に登記事項証明書の交付を請求する必要がある。

また，登記事項証明書には原則として代表者の住所が記載されるとはいえ，代表者の住所の記載がない例外的な場面に遭遇しないとは限らない。このような場面でも，会社等に対する訴訟提起等の際には代表者の住所を知る必要がある。この場合，利害関係を有する者は，商業登記簿の附属書類の閲覧制度（商業登記法11条の2）を利用することにより，代表者の住所を知ることができると考えられる。

閲覧の申請に際しては，交付申請書に利害関係を明らかにする事由を記載するとともに，利害関係を証する書面の添付が求められる（商業登記規則21条2項3号・3項）。「利害関係を証する書面」としては，請求書や契約書，訴状（案）の写し等が考えられる。

この「利害関係を有する者」の範囲については，実務の運用を注視する必要がある。

(3) 支店登記

① 改正の内容

〈改正のポイント〉

支店登記制度の廃止

改正前会社法の930条ないし932条を削除し，支店の所在地における登記を廃止した。

改正前会社法930条から932条までが削除され，会社の支店所在地における登記制度が廃止された。

そもそも，支店登記の制度は，支店のみと取引をする者が本店の所在場所を正確に把握していない場合があり得ることを前提として，支店の所在地を管轄する登記所において検索すればその本店を調査できるという仕組みを構築するためのものであった。

しかし，インターネットの普及により，会社情報の探索が容易になったこと，登記情報提供サービスにおいて会社法人等番号（商業登記法7条）や商号などを利用して全国を対象に検索できるようになったこと，支店所在地における登記につき，登記事項証明書の交付請求がなされる例がほとんどなかったことから，支店登記の必要性が疑問視されていた。

また，平成17年法律第87号改正前商法10条においては，支店所在地でも，原則として全登記事項を登記する必要がある旨定めていたところ，会社法制定時に，支店所在地では，商号，本店の所在場所，支店（その所在地を管轄する登記所の管轄区域内にあるものに限る）の所在場所の3点のみを登記すればよいとされ（改正前会社930条2項），会社の負担軽減が図られていた。それでも支店登記は会社にとり相当の負担である，支店該当性の判断が難しく，判断がつかない場合には，支店登記を行うという保守的な対応をせざるを得ないといった指摘もあった。

そこで，今般の改正により支店登記の制度を廃止したものである。

② 実務への影響

会社の支店所在地における登記の廃止は，公布日から3年6カ月以内の政令

で定める日から施行するものとされており（改正法附則1条），施行日が他の改正事項より遅い点，留意する必要がある。

157

第9章

コーポレートガバナンス・コードの改訂

1 改訂の内容

(1) 改訂の経緯等

① コーポレートガバナンス・コードの概要

イ　コーポレートガバナンス・コードとは何か

　コーポレートガバナンス・コードとは，実効的なコーポレートガバナンスの実現に資する主要な原則を取りまとめたものである。コーポレート・ガバナンスとは，会社が，株主をはじめ顧客・従業員・地域社会等の立場を踏まえた上で，透明・公正かつ迅速・果断な意思決定を行うための仕組みである。コーポレートガバナンス・コードが適切に実践されることにより，それぞれの会社において持続的な成長と中長期的な企業価値の向上のための自律的な対応が図られ，これを通じて，会社，投資家，ひいては経済全体の発展にも寄与すると考えられている（株式会社東京証券取引所「コーポレートガバナンス・コード～会社の持続的な成長と中長期的な企業価値の向上のために～」2018年6月1日・序文）。

　コーポレートガバナンス・コードは，①株主の権利・平等性の確保，②株主以外のステークホルダーとの適切な協働，③適切な情報開示と透明性の確保，④取締役会等の責務，⑤株主との対話という5つの「基本原則」と，その「基本原則」を具体化する31の「原則」及び「原則」に関連する42の「補充原則」により構成され，合計で78原則ある。2015年6月のコーポレートガバナンス・コード制定時は，73原則であったが，今回の改訂で新たに5つの原則が追加さ

れ，合計で78原則となった。

　上場会社は，上場している市場の区分によって必要となる範囲は異なるものの，コーポレートガバナンス・コードの各原則を実施するか，実施しない場合にはその理由を説明する必要があるとされている（コンプライ・オア・エクスプレイン）。東京証券取引所（以下「東証」という）は，本則市場（市場第1部，市場第2部）の上場会社は，コーポレートガバナンス・コードの「基本原則」，「原則」，「補充原則」の78原則の全てについて，コンプライしない場合にはその理由をエクスプレインしなければならない。他方，本則市場以外の市場（マザーズまたはJASDAQ）の上場会社は，五つの「基本原則」のいずれかをコンプライしない場合にその理由をエクスプレインしなければならないにとどまり，「原則」，「補充原則」についてコンプライしない場合であってもその理由をエクスプレインする必要はないとされている。

　また，コーポレートガバナンス・コードは，プリンシプルベース・アプローチが採用されている。すなわち，上場会社は，コーポレートガバナンス・コードの適用に当たって，その形式的な記載・文言ではなく，その趣旨・精神に照らして，自らの活動が当該原則に則しているか否かを判断することが求められている。ルールのように，「しなければいけないこと」，「してはいけないこと」が詳細に決められているわけではなく，コーポレートガバナンス・コードの趣旨・精神に即した具体的行動を上場会社が自ら考えて実行することが期待されている（佐藤寿彦「コーポレートガバナンス・コードの策定に伴う上場制度の整備の概要」商事法務2065号〔2015〕57，58頁〕）。

ロ　基本原則，原則，補充原則の説明

　コーポレートガバナンス・コードの体系は，**図表9－1**のとおりである。

【図表9－1：コーポレートガバナンス・コードの体系】

基本原則	原則（補充原則）
基本原則1 株主の権利・平等性の確保	原則1－1　株主の権利の確保 （補充原則1－1①ないし③）
	原則1－2　株主総会における権利行使 （補充原則1－2①ないし⑤）
	原則1－3　資本政策の基本的な方針

	原則1－4　政策保有株式 （補充原則1－4①，②）
	原則1－5　いわゆる買収防衛策 （補充原則1－5①）
	原則1－6　株主の利益を害する可能性のある資本政策
	原則1－7　関連当事者間の取引
基本原則2 株主以外のステークホルダーとの適切な協働	原則2－1　中長期的な企業価値向上の基礎となる経営理念の策定
	原則2－2　会社の行動準則の策定・実践 （補充原則2－2①）
	原則2－3　社会・環境問題をはじめとするサステナビリティーを巡る課題 （補充原則2－3①）
	原則2－4　女性の活躍促進を含む社内の多様性の確保
	原則2－5　内部通報
	原則2－6　企業年金のアセットオーナーとしての機能発揮
基本原則3 適切な情報開示と透明性の確保	原則3－1　情報開示の充実 （補充原則3－1①，②）
	原則3－2　外部会計監査人 （補充原則3－2①，②）
基本原則4 取締役会等の責務	原則4－1　取締役会の役割・責務(1) （補充原則4－1①ないし③）
	原則4－2　取締役会の役割・責務(2) （補充原則4－2①）
	原則4－3　取締役会の役割・責務(3) （補充原則4－3①ないし④）
	原則4－4　監査役及び監査役会の役割・責務 （補充原則4－4①）
	原則4－5　取締役・監査役等の受託者責任
	原則4－6　経営の監督と執行
	原則4－7　独立社外取締役の役割・責務
	原則4－8　独立社外取締役の有効な活用 （補充原則4－8①，②）

	原則4−9　独立社外取締役の独立性判断基準及び資質
	原則4−10　任意の仕組みの活用 （補充原則4−10①）
	原則4−11　取締役会・監査役会の実効性確保のための前提条件 （補充原則4−11①ないし③）
	原則4−12　取締役会における審議の活性化 （補充原則4−12①）
	原則4−13　情報入手と支援体制 （補充原則4−13①ないし③）
	原則4−14　取締役・監査役のトレーニング （補充原則4−14①，②）
基本原則5 株主との対話	原則5−1　株主との建設的な対話に関する方針 （補充原則5−1①ないし③）
	原則5−2　経営戦略や経営計画の策定・公表

② 今回の改訂の経緯

イ　フォローアップ会議，パブリックコメント手続，対話ガイドラインとの関係等

　コーポレートガバナンス改革は，2014年のスチュワードシップ・コード策定（2017年改訂）や2015年のコーポレートガバナンス・コード策定などの各般の施策により，一定の進捗が見られるものの，現状を見ると，多くの企業において，なお経営陣による果断な経営判断が行われていないのではないかなど，さまざまな課題が指摘されていた。また，投資家についても，企業との対話の内容が依然として形式的なものにとどまっており，企業に「気付き」がもたらされている例は限られているとの指摘がなされていた（田原泰雅＝渡邉浩司＝染谷浩史＝安井桂大「コーポレートガバナンス・コードの改訂と「投資家と企業の対話ガイドライン」の解説」商事法務2171号4頁〔2018年〕〔以下「田原ほか・コード改訂の解説」という〕）。こうした指摘を踏まえ，「スチュワードシップ・コード及びコーポレートガバナンス・コードのフォローアップ会議」（以下，「フォローアップ会議」という）において，2017年10月以降，コーポレートガバナンス改革の進捗状況の検証が行われ，2018年3月26日にフォローアップ会議が「コーポレートガバナンス・コードの改訂と投資家と企業の対話ガイドラインの策定に

ついて」と題する提言（以下「提言」という）が行われた。

　提言においては，コーポレートガバナンス改革をより実質的なものへと深化させていくため，2015年6月に制定されたコーポレートガバナンス・コードの改訂が提言され，また，スチュワードシップ・コード及びコーポレートガバナンス・コードの実効的な「コンプライ・オア・エクスプレイン」を促すため，コーポレートガバナンス・コードの改訂に合わせて，投資家と企業の対話において重点的に議論することが期待される事項を取りまとめた「投資家と企業の対話ガイドライン」（以下，「対話ガイドライン」という）の策定も提言された。

　これを受け，コーポレートガバナンス・コードの改訂案及び対話ガイドライン案について，それぞれパブリック・コメントの手続（東証『フォローアップ会議の提言を踏まえたコーポレートガバナンス・コードの改訂について』に寄せられたパブリック・コメントの結果について」〔平成30年6月1日〕〔以下，「改訂コードパブコメ」という〕）が行われ，2018年6月1日に改訂（以下，「本改訂」という）されたコーポレートガバナンス・コード及び対話ガイドラインが公表された。

　対話ガイドラインは，スチュワードシップ・コード及びコーポレートガバナンス・コードの付属文書として位置付けられており，機関投資家と企業との対話において，重点的に議論することが期待される事項をとりまとめたものである。このため，対話ガイドラインの内容自体について，コンプライ・オア・エクスプレインが求められるものではないが，企業がコーポレートガバナンス・コードを実施する場合（各原則が求める開示を行う場合を含む）や，実施しない理由の説明を行う場合には，対話ガイドラインの趣旨を踏まえることが期待されている（田原ほか・コード改訂の解説5・6頁）。

ロ　改訂の概略

　コーポレートガバナンス・コードの改訂及び対話ガイドラインは，提言において示されたコーポレートガバナンス改革をめぐる五つの課題，①経営環境の変化に対応した経営判断，②投資戦略・財務管理の方針，③CEOの選解任，取締役会の機能発揮等，④政策保有株式，⑤アセットオーナー，に対応したものとなっている（田原ほか・コード改訂の解説5頁）。改訂対象となったコーポレートガバナンス・コードの14原則は，**図表9－2**のとおりである。

【図表9-2：改訂対象となったコーポレートガバナンス・コード】

政策保有株式	原則1-4 改訂 「政策保有株式の縮減に関する方針」「保有の適否の個別検証」「具体的な議決権行使基準」
	補充原則1-4① 新設 「保有させている側への規律付け」
	補充原則1-4② 新設 「政策保有株主との取引の合理性確保」
アセットオーナー	原則2-6 新設 「企業年金に対する支援，利益相反管理」
情報開示の充実	原則3-1 改訂 「解任」について開示内容に追加
	補充原則3-1①改訂 「法令に基づく開示を含む」旨の明確化
取締役会等の責務	補充原則4-1③ 改訂 「後継者計画の策定・運用への主体的な関与，後継者候補育成の監督」
	補充原則4-2① 改訂 「客観性・透明性ある手続に従った報酬制度の設計」の明確化
	補充原則4-3② 新設 「客観性・適時性・透明性ある手続に従ったCEOの選任」
	補充原則4-3③ 新設 「CEOを解任するための客観性・適時性・透明性ある手続の確立」
	原則4-8 改訂 「十分な人数の独立社外取締役の選任」
	補充原則4-10① 改訂 「指名委員会・報酬委員会など独立した諮問委員会の設置」
	原則4-11 改訂 「多様性の要素としてジェンダー・国際性の明確化」「監査役に求められる資質の明確化」
株主との対話	原則5-2 改訂 「資本コストの的確な把握」「事業ポートフォリオの見直し」

　また，上記の他に「基本原則3　適切な情報開示と透明性の確保」における考え方の一部が改訂され，開示すべき非財務情報にいわゆるESG要素に関する情報が含まれることが明確化された。

(2) 政策保有株式について

① 原則1－4

イ　改訂内容

　原則1－4は以下のとおり改訂された（下線が追加箇所，訂正線が削除箇所。以下同じ）。

　「上場会社が~~いわゆる~~政策保有株式として上場株式を保有する場合には，<u>政策保有株式の縮減に関する方針・考え方など，</u>政策保有に関する方針を開示すべきである。また，毎年，取締役会で~~主要な，~~<u>個別の</u>政策保有<u>株式</u>について~~そのリターンとリスクなどを踏まえた中長期的な経済合理性や将来の見通しを検証し，これを反映した保有のねらい・合理性について具体的な説明を行うべきである~~。<u>保有目的が適切か，保有に伴う便益やリスクが資本コストに見合っているか等を具体的に精査し，保有の適否を検証するとともに，そうした検証の内容について開示すべきである。</u>上場会社は，政策保有株式に係る議決権の行使について，適切な対応を確保するための<u>具体的な</u>基準を策定・開示す~~し，</u><u>その基準に沿った対応を行う</u>べきである。」

ロ　経　緯

　政策保有株式は，近年減少傾向にあるものの，事業法人による保有の減少は緩やかであり，政策保有株式が議決権に占める比率は依然として高い水準にあること，政策保有株式は，企業間で戦略的提携を進めていく上で意義があるとの指摘もある一方，安定株主の存在が企業経営に対する規律の緩みを生じさせているのではないかとの指摘や，企業のバランスシートにおいて活用されていないリスク性資産であり，資本管理上非効率でないかとの指摘がなされていた。

　提言では，こうした状況を踏まえ，政策保有株式について，投資家と企業の間で，これまで以上に深度ある対話が行われることが重要であり，企業には，個別の政策保有株式の保有目的や保有に伴う便益・リスクを具体的に精査した上で，保有の適否を検証し，分かりやすく開示・説明を行うこと，また，政策保有株式の減縮に関する方針，考え方など，政策保有に関する方針をしっかりと開示することが必要であるとされた。

　かかる提言を受け，政策保有株式の「縮減に関する方針・考え方など，政策保有に関する方針」を開示すべきことが明記された。また，「個別の政策保有株式について，保有目的が適切か，保有に伴う便益やリスクが資本コストに見

合っているか等を具体的に精査し，保有の適否を検証するとともに，そうした検証の内容」について開示すべきことが明記された。

さらに，改訂前のコーポレートガバナンス・コードにおいて，政策保有株式について，議決権行使について，適切な対応を確保するための基準の策定・開示を求めていたが，基準をめぐっては，内容が具体的でなく，内容をより充実させた上で開示を求めるべきであるとの指摘や，政策保有株式に係る議決権行使の適切性の確保を図っていくべきではないかとの指摘がなされていた。

このような指摘を踏まえ，政策保有株式に係る議決権行使について，「具体的」な基準の策定・開示が求められることが明記された。

② 補充原則１－４①新設

イ 改訂内容

以下の補充原則１－４①が新設された

「上場会社は，自社の株式を政策保有株式として保有している会社（政策保有株主）からその株式の売却等の意向が示された場合には，取引の縮減を示唆することなどにより，売却等を妨げるべきではない。」

ロ 経緯

政策保有株式を保有する企業が，保有の意義が乏しいとして発行会社に対して売却の意向を示した場合，発行会社が取引の縮減を示唆することなどにより売却等を妨げている場合があるとの指摘がなされた。

提言では，このような指摘を踏まえ，発行会社に対する規律づけが重要であるとされ，補充原則１－４①が新設された。

③ 補充原則１－４②新設

イ 改訂内容

以下の補充原則１－４②が新設された。

「上場会社は，政策保有株主との間で，取引の経済合理性を十分に検証しないまま取引を継続するなど，会社や株主共同の利益を害するような取引を行うべきではない。」

ロ 経緯

フォローアップ会議において，企業と政策保有株主との間で行われる取引が，当該企業にとって経済的合理的でない可能性があり，企業が，政策保有株主と

の間で行う取引自体の合理性を検証することが重要であるとの指摘がなされた。

かかる指摘を受け，企業が政策保有株主との間で，取引の経済合理性を十分に検証しないまま取引を継続するなど，会社や株主共同の利益を害するような取引を行うべきではないとして，補充原則1-4②が新設された。

(3) アセットオーナーについて

原則2-6（新設）

イ　改訂内容

以下の原則2-6が新設された。

「【企業年金のアセットオーナーとしての機能発揮】上場会社は，企業年金の積立金の運用が，従業員の安定的な資産形成に加えて自らの財政状態にも影響を与えることを踏まえ，企業年金が運用（運用機関に対するモニタリングなどのスチュワードシップ活動を含む）の専門性を高めてアセットオーナーとして期待される機能を発揮できるよう，運用に当たる適切な資質を持った人材の計画的な登用・配置などの人事面や運営面における取組みを行うとともに，そうした取組みの内容を開示すべきである。その際，上場会社は，企業年金の受益者と会社との間に生じ得る利益相反が適切に管理されるようにすべきである。」

ロ　経　緯

アセットオーナーのうち公的年金は，運用機関に対して実効的なスチュワードシップ活動（議決権行使のみを意味するのではなく，機関投資家が，投資先企業の持続的成長に向けてスチュワードシップ責任を適切に果たすため，当該企業の状況を適切に把握することや，これを踏まえて当該企業と建設的な「目的をもった対話」を行うことなどを含む，幅広い活動）を求めるなどの動きがある。これに対し，企業年金は，スチュワードシップ活動への関心は総じて低く，実際にこうした活動を行っているものも少なく，スチュワードシップ活動を含めた運用に携わる人材が質的・量的に不足しているのではないかとの指摘がなされていた。

こうした課題は，一義的には企業年金自体において対処されるべきものであるが，企業年金の運営を支える母体企業において，その積立金の運用が従業員の資産形成や自らの財政状況に影響を与えることを十分認識し，企業年金がアセットオーナーとして期待される機能を実効的に発揮できるよう，みずから主体的に人事面や運営面における取組みを行うことが求められるとされた。

また，フォローアップ会議においては，企業年金の母体企業と，企業年金の

受益者との間に生じ得る利益相反を適切に管理する必要があると指摘されていた。

　このような指摘を受けて，原則2－6が新設された。

⑷　情報開示の充実について

①　原則3－1
イ　改訂内容

　原則3－1は，以下のとおり改訂された。

　「【原則3－1．情報開示の充実】上場会社は，法令に基づく開示を適切に行うことに加え，会社の意思決定の透明性・公正性を確保し，実効的なコーポレートガバナンスを実現するとの観点から，（本コードの各原則において開示を求めている事項のほか，）以下の事項について開示し，主体的な情報発信を行うべきである。

　（ⅰ）　会社の目指すところ（経営理念等）や経営戦略，経営計画

　（ⅱ）　本コードのそれぞれの原則を踏まえた，コーポレートガバナンスに関する基本的な考え方と基本方針

　（ⅲ）　取締役会が経営陣幹部・取締役の報酬を決定するに当たっての方針と手続

　（ⅳ）　取締役会が経営陣幹部の選解任と取締役・監査役候補の指名を行うに当たっての方針と手続

　（ⅴ）　取締役会が上記(vi)を踏まえて経営陣幹部の選解任と取締役・監査役候補の指名を行う際の，個々の選解任・指名についての説明」

ロ　経　緯

　経営陣幹部の選解任については，コーポレートガバナンス・コード補充原則4－3①において，公正かつ透明性の高い手続に従い，適切に実行すべきとされている。

　経営陣幹部の解任手続についても，投資家と企業との間で対話が十分に行われることに資するよう，取締役会が経営陣幹部の選任だけでなく解任を行うに当たっての方針と手続についても新たに開示すべき事項の対象とされた。

② 補充原則3－1①

イ 改訂内容

補充原則3－1①は以下のとおり改訂された。

「上記の情報の開示（法令に基づく開示を含む）に当たって，取締役会は，ひな型的な記述や具体性を欠く記述を避け，利用者にとって付加価値の高い記載となるようにすべきである。」

ロ 経緯

投資家との対話を実効的なものにするため，企業において積極的な情報開示が行われることが重要であるとの考えに基づいて，ひな型的な記載等をさけるべき場面として，「法令に基づく開示」も含まれる旨が明記された。

(5) 取締役会等の責務について

① 補充原則4－1③

イ 改訂内容

補充原則4－1③は以下のとおり改訂された。

「取締役会は，会社の目指すところ（経営理念等）や具体的な経営戦略を踏まえ，最高経営責任者（CEO）等の後継者の計画（プランニング）についての策定・運用に主体的に関与するとともに，後継者候補の育成が十分な時間と資源をかけて計画的に行われていくよう，適切に監督を行うべきである。」

ロ 経緯

フォローアップ会議において，CEOの選解任は，企業の最も重要な戦略的意志決定であり，現職のCEOの一存に委ねるといった対応ではなく，CEOの後継者候補の育成に十分な時間と資源をかけて取り組むことが，企業の持続的な成長と中長期的な企業価値の向上を実現していく上で，特に重要であるとの指摘がなされた。

そこで，取締役会において主体的に後継者計画の策定・運用に関与し，後継者候補の育成が十分な時間と資源をかけて計画的に行われていくよう適切に監督することを求めるため，改訂が行われた。

② 補充原則4－2①

イ 改訂内容

補充原則4－2①は以下のとおり改訂された。

「取締役会は，経営陣の報酬<del>は，</del>—が持続的な成長に向けた健全なインセンティブ<del>の一つ</del>として機能するよう，<u>客観性・透明性ある手続に従い，報酬制度を設計し，具体的な報酬額を決定すべきである。その際</u>，中長期的な業績と連動する報酬の割合や，現金報酬と自社株報酬との割合を適切に設定すべきである。」

ロ　経　緯

　経営陣による企業の持続的な成長に向けた健全な起業家精神の発揮に資するインセンティブづけの観点から，本改訂前のコーポレートガバナンス・コードにおいて，「経営陣の報酬は，持続的な成長に向けた健全なインセンティブの一つとして機能するよう，中長期的な業績と連動する報酬の割合や，現金報酬と自社株報酬との割合を適切に設定すべきである」とされていたが，経営陣の報酬制度の設計及び具体的な報酬額の決定を，取締役会の承認のもと，客観性，透明性のある手続によって決定するため，本改訂が行われた。

③　補充原則４−３②（新設）

イ　新設内容

　以下の補充原則４−３②が新設された。

　「<u>取締役会は，CEOの選解任は，会社における最も重要な戦略的意思決定であることを踏まえ，客観性・適時性・透明性ある手続に従い，十分な時間と資源をかけて，資質を備えたCEOを選任すべきである。</u>」

ロ　経　緯

　原則３−１の改訂の経緯において説明したとおり，経営幹部の選解任については，本改訂前からコーポレートガバナンス・コード補充原則４−３①において公正かつ透明性の高い手続に従い，適切に実行すべきとされていた。フォローアップ会議において，経営幹部の中でも，特にCEOの選解任は，企業の持続的な成長と中長期的な企業価値の向上を実現していく上で，最も重要な戦略的な意志決定であり，社内論理のみが優先される不透明な手続によることなく，客観性・適時性・透明性のある手続によることが求められるとの指摘がなされた。かかる指摘を受け，CEOの選解任について，<u>客観性・適時性・透明性ある手続等が求められること</u>を明確にするため，補充原則４−３②が新設された。

④　補充原則４－３③（新設）

イ　新設内容

　以下の補充原則４－３③が新設された。

　<u>「取締役会は，会社の業績等の適切な評価を踏まえ，CEOがその機能を十分発揮していないと認められる場合に，CEOを解任するための客観性・適時性・透明性ある手続を確立すべきである。</u>」

ロ　経　緯

　フォローアップ会議において，CEOがその機能を十分に発揮していないと認められる場合には，CEOを解任できる仕組みを整えておくことが重要であるとの指摘がなされた。また，解任にあたっても，客観性・適時性・透明性ある手続の確立が必要であるとの指摘がなされた。

　かかる指摘を受けて，補充原則４－３③が新設された。

⑤　原則４－８

イ　改訂内容

　原則４－８は以下のとおり改訂された。

　「独立社外取締役は会社の持続的な成長と中長期的な企業価値の向上に寄与するように役割・責務を果たすべきであり，上場会社はそのような資質を十分に備えた独立社外取締役を少なくとも２名以上選任すべきである。

　また，業種・規模・事業特性・機関設計・会社をとりまく環境等を総合的に勘案して，~~自主的な判断により，~~少なくとも３分の１以上の独立社外取締役を選任することが必要と考える上場会社は，上記にかかわらず，~~そのための取組み方針を開示~~<u>十分な人数の独立社外取締役を選任</u>すべきである。」

ロ　経　緯

　本改訂前の原則４－８後段は，「少なくとも３分の１以上の独立社外取締役を選任することが必要と考える上場会社は，そのための取組み方針を開示すべき」としていた。

　フォローアップ会議において，取組方針の開示にとどまらず，それぞれの企業の置かれた状況に応じて，十分な人数の独立社外取締役を選任することが重要でないかと指摘がなされていた。

　かかる指摘を踏まえ，「取組み方針の開示」ではなく，十分な人数の独立社外取締役を選任すべきと改訂された。

⑥　補充原則4－10①

イ　改訂内容

補充原則4－10①は以下のとおり改訂された。

「上場会社が監査役会設置会社または監査等委員会設置会社であって，独立社外取締役が取締役会の過半数に達していない場合には，経営陣幹部・取締役の指名・報酬などに係る取締役会の機能の独立性・客観性と説明責任を強化するため，~~例えば，~~取締役会の下に独立社外取締役を主要な構成員とする任意の<u>指名委員会・報酬委員会など，独立した諮問委員会を設置すること</u>などにより，指名・報酬などの特に重要な事項に関する検討に当たり独立社外取締役の適切な関与・助言を得るべきである。」

ロ　経　緯

フォローアップ会議において，CEOをはじめとする経営陣幹部や取締役の指名・報酬などの特に重要な事項に関する検討に当たっては，独立性・客観性ある手続を確立することが重要であるとの指摘がなされた。

そのような指摘を踏まえ，監査役会設置会社または監査等委員会設置会社であって，独立社外取締役が取締役会の過半数に達していない場合には，任意の指名委員会・報酬委員会など，独立した諮問委員会を設置することを求めることとされた。

⑦　原則4－11

イ　改訂内容

原則4－11は以下のとおり改訂された。

「取締役会は，その役割・責務を実効的に果たすための知識・経験・能力を全体としてバランス良く備え，<u>ジェンダーや国際性の面を含む</u>多様性と適正規模を両立させる形で構成されるべきである。また，監査役には，<u>適切な経験・能力及び必要な財務・会計・法務に関する知識を有する者が選任</u>されるべきであり，特に，財務・会計に関する~~適切~~<u>十分</u>な知見を有している者が1名以上選任されるべきである。

取締役会は，取締役会全体としての実効性に関する分析・評価を行うことなどにより，その機能の向上を図るべきである。」

ロ　経　緯

取締役会は，CEOをはじめとする経営陣を支える重要な役割・責務を担っ

ており，原則4-11においては，取締役会全体として適切な知識・経験・能力を備えることが求められている。提言では，我が国の上場企業役員に占める女性の割合は現状3.7%にとどまっているが，取締役会がその機能を十分に発揮していくためには，ジェンダー，さらには国際性の問題を含む多様性を十分に確保していくことが重要であるとの指摘がなされた。

また，フォローアップ会議において，監査役についても，監査役及び監査役会は，業務監査・会計監査などの重要な役割を担っており，監査役がそうした役割・責務を果たすためには，財務・会計や法務などに関する必要な知識を備えている必要があると指摘を受け，「必要な財務・会計・法務に関する知識」を，個々の監査役が備えている必要があるとの指摘がなされた。

これらの指摘を受けて，取締役会の多様性に，ジェンダーや国際性が含まれることが明記され，監査役には，適切な経験・能力及び必要な財務・会計・法務に関する知識が求められることが明記された。

(6) 株主との対話について

原則5-2

イ 改訂内容

原則5-2は以下のとおり改訂された。

「経営戦略や経営計画の策定・公表に当たっては，<u>自社の資本コストを的確に把握した上で，</u>収益計画や資本政策の基本的な方針を示すとともに，収益力・資本効率等に関する目標を提示し，その実現のために，<u>事業ポートフォリオの見直しや，設備投資・研究開発投資・人材投資等を含む経営資源の配分等</u>に関し具体的に何を実行するのかについて，株主に分かりやすい言葉・論理で明確に説明を行うべきである。」

ロ 経緯

日本企業をめぐっては，企業価値の向上に向けてガバナンス改革に取り組む企業もみられる一方，なお多くの企業において経営環境の変化に応じた果断な経営判断が行われておらず，例えば，事業ポートフォリオの見直しが必ずしも十分に行われていないとの指摘がなされている。その背景として，経営陣の資本コストに対する意識がいまだ不十分であることや，企業が資本コストを上回るリターンを上げられているかどうかについて，投資家と企業の間に認識の相違があることなどが指摘されている。こうした状況を踏まえ，提言においては，

企業の持続的な成長と中長期的な企業価値を向上させていくためには，「事業ポートフォリオの見直しなどの果断な経営判断が重要であることや，そうした経営判断を行っていくために，自社の資本コストを的確に把握すべきことを明確化する必要がある」，「戦略的・計画的に設備投資・研究開発投資・人材投資等を行っていくことも重要である」との考えが示された。

このような考え方に沿って，それぞれの企業において，自社の資本コストを的確に把握することを求めるとともに，従前から説明が求められていた経営資源の配分等の中に，事業ポートフォリオの見直しや，設備投資・研究開発投資・人材投資等が含まれることが明確化された。

(7) ESG要素に関する情報について

① 改訂内容

「基本原則3　適切な情報開示と透明性の確保」における考え方が，以下のとおり改訂された。

「上場会社には，様々な情報を開示することが求められている。これらの情報が法令に基づき適時適切に開示されることは，投資家保護や資本市場の信頼性確保の観点から不可欠の要請であり，取締役会・監査役・監査役会・外部会計監査人は，この点に関し財務情報に係る内部統制体制の適切な整備をはじめとする重要な責務を負っている。

また，上場会社は，法令に基づく開示以外の情報提供にも主体的に取り組むべきである。

更に，我が国の上場会社による情報開示は，計表等については，様式・作成要領などが詳細に定められており比較可能性に優れている一方で，会社の財政状態，経営戦略，リスク，ガバナンスや社会・環境問題に関する事項（いわゆるESG要素）などについて定性的な説明等のを行ういわゆる非財務情報を巡っては，ひな型的な記述や具体性を欠く記述となっており付加価値に乏しい場合が少なくない，との指摘もある。取締役会は，こうした情報を含め，開示・提供される情報が可能な限り利用者にとって有益な記載となるよう積極的に関与を行う必要がある。

法令に基づく開示であれそれ以外の場合であれ，適切な情報の開示・提供は，上場会社の外側にいて情報の非対称性の下におかれている株主等のステークホルダーと認識を共有し，その理解を得るための有力な手段となり得るものであ

り，「『責任ある機関投資家』の諸原則《日本版スチュワードシップ・コード》」を踏まえた建設的な対話にも資するものである。」

② 経　緯

　コーポレートガバナンス改革を実効性のあるものにするためには，企業において積極的な情報開示が行われることが必要である。改訂コードパブコメにおいて，ESGに関する対話が進む中，企業のESG要素に関する『情報開示』についてコードに盛り込むべきとの意見が複数寄せられたことを受け，非財務情報にいわゆるESG要素に関する情報が含まれることが明確化された。

2　実務への影響

　本改訂に伴い，上場会社においてコーポレート・ガバナンスに関する報告書（以下「ガバナンス報告書」という）の更新が必要となる。具体的には，上場会社は，有価証券上場規程において，コーポレートガバナンス・コードの各原則を実施しない場合の理由の説明をガバナンス報告書に記載することが義務付けられており，本改訂により変更または追加された原則を実施しない場合にはその理由の説明の記載が必要になる。また，コーポレートガバナンス・コードには，特定の事項を開示すべきとする原則が存在し，本改訂では，そうした原則の一部も改訂されていることから，改訂後のこれらの原則を実施するに当たっては，その内容を踏まえた開示事項の更新も必要となる。

　本改訂に伴うガバナンス報告書の更新は，遅くとも2018年12月末日までに行うこととされ，改訂されたコードの原則について，実施する意思があっても2018年12月末日までに実施することが難しい場合には，「コードの各原則を実施しない理由」の説明において，今後の取組予定や実施時期の目処を記載するかたちで対応することとされた。

　また，本改訂に基づくガバナンス報告書について，2019年1月以降に更新が生じた場合，原則どおり，更新後最初に到来する定時株主総会の日以後遅滞なく更新することで差し支えないとされている。

　ただし，ガバナンス報告書の更新の適時性を評価する投資家もいるため，定

時株主総会前に更新することを積極的に検討すべきとされている（田原ほか・コード改訂の解説18・19頁）

(1)　政策保有株式について

①　原則1-4について

　政策保有株式について定めた原則1-4は，上場会社に対し，(ア)政策保有株式の縮減に関する方針・考え方など政策保有に関する方針，(イ)検証の内容，(ウ)議決権行使についての基準を開示することを求めている。

　(ア)「政策保有株式の縮減に関する方針・考え方など」については，政策保有に関する投資家と上場会社との対話をより建設的・実効的なものとするため，自社の個別事情に応じ，例えば，

・保有コストなどを踏まえ，どのような場合に政策保有を行うか

・検証結果を踏まえ，保有基準に該当しないものにどのように対応するか

等を示すことになる（改訂コードパブコメ番号246，247）。

　「政策保有株式の縮減に関する方針・考え方など」について，本改訂後のコーポレートガバナンス・コードに基づく開示事例として，「当社は，当社の事業活動を円滑に行うこと，また取引を強化することを目的とし，政策保有株式を保有する場合がありますが，原則として政策保有株式を保有しない方針とし，現状の保有株式については，段階的に削減していきます。」（イズミのコーポレートガバナンスに関する報告書〔2019年8月6日更新〕より抜粋）など，端的に保有残高・保有総数の削減，圧縮の方針を記載するものがある（このほかにケミプロ化成）。

　また，具体的な削減計画，削減実績を記載するもの（三井住友トラスト・ホールディングス，群馬銀行，三菱UFJフィナンシャル・グループ等），政策保有株式の総額が連結貸借対照表上額の総資産に占める割合が一定水準を超えた場合は速やかに売却等の検討を行う旨を記載するもの（アインホールディングス）がある。

　自社にとって保有意義が乏しい場合に，売却等により縮減を図る旨を記載する例も多くみられ，「保有にあたっては，提携契約等の状況，事業展開および環境等を踏まえ，経済合理性を勘案の上，少なくとも年に1回，取締役会で個別の銘柄について，保有の適否を検証し，保有の意義が乏しいと判断される銘柄については，売却します。」（参天製薬のコーポレートガバナンスに関する報告

書〔2019年6月28日更新〕より抜粋）とするものなどがある（このほかに，鹿島建設，国際石油開発帝石等）。

　いかなる観点で政策保有株式の保有意義が認められると判断するかについては，「事業戦略上の重要性，取引先との事業上の関係等」（東リのコーポレートガバナンスに関する報告書〔2019年11月20日更新〕より抜粋），「提携契約等の状況，事業展開および環境等」（参天製薬のコーポレートガバナンスに関する報告書〔2019年6月28日更新〕より抜粋），「関連する収益や受取配当金などのリターン等」（日野自動車のコーポレートガバナンスに関する報告書〔2019年6月21日更新〕より抜粋），「当社の加重平均資本コストを基準として，それに対するリターン（配当や取引状況等の定量要素）やリスクが見合っているかを定量的に評価」（富士通のコーポレートガバナンスに関する報告書〔2019年8月7日更新〕より抜粋）など，政策保有株式を保有する取引先との取引関係，事業戦略上の重要性，提携契約等の状況，事業展開および環境，保有に伴う便益が資本コストに見合っているかなどを考慮する例が多い（鹿島建設，電通，オリンパス等）。また，政策保有株式の売却等のプロセスに言及する例もみられる（サントリー食品インターナショナル，ダスキン等）。

　また，「政策保有株式の縮減に関する方針・考え方<u>など</u>」とされているものの，政策保有株式の縮減に関する方針・考え方を示さない場合には，同原則への「コンプライ」と言うことは難しく，同原則への「エクスプレイン」をする必要がある（改訂コードパブコメ番号246，247）。

　さらに，今回のコーポレートガバナンス・コードの改訂は，必ずしも政策保有株式の一律の減縮が求められているわけではないものの（改訂コードパブコメ番号237ないし243），減縮をしない場合には，投資家等に丁重な説明を行うことが必要となる。

　原則1−4についてのエクスプレインの例としては，資本コストの観点からの検証を現時点では行っていないこと等を理由としてエクスプレインするもの（日産自動車，松竹等），検証結果の開示については保有先，出資先企業との取引の守秘性等を理由に開示しないことをもってエクスプレインする例（丸井グループ等），議決権行使については今後基準を定めるとしてエクスプレインする例（関西ペイント）等がある。

　(イ)　検証の内容について

　原則1−4は，個別の政策保有株式について保有目的が適切か，保有に伴う

便益やリスクが資本コストに見合っているか等を具体的に精査し，保有の適否を検証し，「検証の内容について」開示することを求めている。

これは，必ずしも個別の銘柄ごとに保有の適否を含む検証の結果を開示することを求めるものではない。一方で，単に「検証の結果，全ての銘柄の保有が適当と認められた」といった，一般的・抽象的な開示ではなく，コーポレートガバナンス・コードの趣旨を踏まえ，例えば，

・保有の適否を検証する上で，保有目的が適切か，保有に伴う便益やリスクが資本コストに見合っているかを含め，どのような点に着眼し，どのような基準を設定したか

・設定した基準を踏まえ，どのような内容の議論を経て個別銘柄の保有の適否を検証したか

・議論の結果，保有の適否について，どのような結論が得られたか

等について，具体的な開示が行われることが期待されている（改訂コードパブコメ番号221ないし233）。

「検証の内容」について，本改訂後のコーポレートガバナンス・コードに基づく開示事例として，いかなる観点に着眼して検証を行ったか，どのような基準を設定したかを記載する例が多い。着眼点，基準としては，取引関係の強化といった政策保有株式の保有意義や，保有の経済的合理性等が挙げられることが多く，「保有目的，過去1年間における取引状況，中長期的な見通し及び配当金額など」（明治ホールディングスのコーポレートガバナンス報告書〔2019年6月27日更新〕より抜粋），「営業上の取引関係の維持・強化，業務提携関係の維持・発展」（エービーシー・マートのコーポレートガバナンス報告書〔2019年5月30日更新〕より抜粋）等が考慮されている。

経済的合理性については，「経済合理性の検証は，直近事業年度末における各政策保有株式の金額を基準として，これに対する，発行会社が同事業年度において当社利益に寄与した金額の割合を算出し，その割合が当社の定める資本コストに係る基準を満たしているかを検証します」（KDDIのコーポレートガバナンス報告書〔2019年8月1日更新〕より抜粋）とするもの，「検証にあたっては，取引上の利益，配当利回り，時価変動リスク，資本コスト等を加味した銘柄ごとの投資損益を一定の基準で評価する」（森永乳業のコーポレートガバナンス報告書〔2019年10月18日更新〕より抜粋）とするものなど，政策保有株式の発行会社が事業年度において寄与した利益の金額，配当利回り，配当性向や株価上昇

等を確認し，これを一定の目標値と比較する方法で検証する例が多い。簿価からの下落割合（カゴメ），含み損益（花王，大日本住友製薬等）を考慮するなど，株価の変動を考慮する旨を明記する例もある。また，取引先との関係性によって区別し，各政策保有株式の貸借対照表計上額に対して，顧客であれば事業関連収益を，戦略的な競業先であれば年間取引額を基準として一定額を下回っているかどうかを検証している例もある（TIS）。さらに，検証結果を記載する例として，保有する全ての上場株式について保有の妥当性を確認したとするもの（エヌ・ティ・ティ・データ等），保有することの合理性を検証し削減を進めたこと，保有を継続している銘柄数，保有残高を開示するもの（J．フロントリテイリング，オリンパス等）がある。

　㈬　議決権行使について

　議決権行使の「具体的な基準」は，普遍的・一般的な基準を策定することは必ずしも容易ではないものの，本改訂後のコーポレートガバナンス・コードに基づく開示事例として，「特に株主利益に大きな影響を及ぼしうる以下の項目については，慎重に検討した上で賛否を判断します。①重要な資産の譲渡，②合併または完全子会社等による株式の異動，③有利発行による第三者割当増資，④敵対的買取防衛策の導入」（コニカミノルタのコーポレートガバナンス報告書〔2019年6月28日更新〕より抜粋），「長期にわたる業績低迷や重大な不祥事が発生している場合，または当社の株主価値を大きく毀損しうる議案については，慎重に賛否を判断」（住友ベークライトのコーポレートガバナンス報告書〔2019年6月25日更新〕より抜粋）など，買収防衛策の導入，一定の状況下での剰余金処分，重大な不祥事があった場合など，慎重な判断が求められる重要な議案，状況を特定する例がある（このほかに，日清紡ホールディングス，島津製作所等）。「発行会社における財務の健全性に悪影響を及ぼす場合，違法行為が発生した場合等における該当議案には反対する」（エヌ・ティ・ティ・データのコーポレートガバナンス報告書〔2019年6月21日更新〕より抜粋），「深刻な業績不振が続いている企業における代表取締役の再任や，不祥事や反社会的行為に関与している等，取締役又は監査役にふさわしくない者の役員選任等，当社の企業価値の向上に寄与しないと考えられる議案については，反対票を投じます」（日立ハイテクノロジーズのコーポレートガバナンス報告書〔2019年6月21日更新〕より抜粋）など，業績の悪化，企業の不祥事の発生，反社会的行為や法令違反が認められた取締役等の選任等に反対票を投じるとする例もある（このほかに，三菱

マテリアル，日本通運等）。また，「各金融機関が発表しているスチュワードシップ・コードや投資助言会社の議決権行使方針も参照しつつ判断する」（川澄化学工業のコーポレートガバナンス報告書〔2019年10月30日更新〕より抜粋）として議決権行使の方針として各金融機関が公表しているスチュワードシップ・コードに関する方針を参照する旨を定める例，ISSなどの議決権行使助言会社の方針を参照する旨を定める例（中外製薬，伊予銀行等）もある（森・濱田松本法律事務所編「コードに対応したコーポレートガバナンス報告書の記載事例の分析」別冊商事法務438号（2018）〔以下「コードに対応したコーポレートガバナンス報告書の記載事例の分析」という〕78頁）。

② 補充原則1－4①について

　補充原則1－4①は，ビジネス上の関係のために株式の政策保有を行うこと自体を禁止するものではない。しかしながら，政策保有株式を保有する企業から，政策保有株式の売却等の意向が示された場合に，発行会社が取引の縮減等を示唆することなどにより売却等を妨げるような対応を取ってはならないとされている。どのような行為が，売却等を妨げる行為となるかについて，「取引の縮減を示唆」することが挙げられているが，それ以外には具体的には定まっていない。プリンシプルベース・アプローチに基づいて，各社の合理的な判断に委ねられている。補充原則1－4①については開示の対象とはされていないが，売却等の意向が示された場合の方針を開示する例もある。例えば，「原則として，当社の株式を政策保有株式として保有している会社（政策保有株主）からその株式の売却等の意向が示された場合には，売却等を妨げません。」（エーザイのコーポレートガバナンス報告書〔2019年10月30日更新〕より抜粋）とし，原則として売却等を妨げないとする例（ほかにアズビル等），「政策保有株主から売却意向を示された場合，売却を妨げませんが，売却時期，方法等に関して要請する場合があります。」（富士通のコーポレートガバナンスに関する報告書〔2019年8月7日更新〕より抜粋）とし，売却を妨げないが，売却時期，方法等について要請する場合がある旨を記載する例もある。

③ 補充原則1－4②について

　補充原則1－4②は，政策保有株主との取引について，経済的合理性などの検証を求めるものである。経済的合理性には，取引の正当性・公正性の観点が

含まれ、例えば他の類似の取引先との取引条件等と比較して、なぜ政策保有株主である取引先と行っている取引が合理的であるかを検証する必要がある（田原ほか・コード改訂の解説16頁）。

(2) アセットオーナーについて

原則2－6は、「（企業年金の）運用に当たる適切な資質を持った人材の計画的な登用・配置などの人事面や運営面における取組み」を開示すべきとしている。

「人事面や運営面における取組み」については、例えば、適切な資質を持った人材の企業年金の事務局や資産運用委員会への配置、そうした人材の育成、運用受託機関との間で当該機関が実施するスチュワードシップ活動について対話を行う際の必要なサポートなどが考えられる。もっとも、取組みの内容はこれらに限られるものではなく、それぞれの企業年金の形態や規模を踏まえ、企業の置かれた状況に応じて、適切に取り組みを行うことが求められる。

本改訂後のコーポレートガバナンス・コードに基づく開示事例として、人事面における取組みについて、「企業年金基金の事務局には適切な資質をもった人材を選出・配置しております」（ヤマハのコーポレートガバナンス報告書〔2019年11月14日更新〕より抜粋）とするもの、「人事面においては年金運用の専門能力・知見を有する者を運用執行理事として任用し、かつ、外部アドバイザーを起用して専門能力・知見を補完する」（味の素のコーポレートガバナンス報告書〔2019年7月8日更新〕より抜粋）とするものなど、適切な資質をもった人材の配置、外部専門家の起用を挙げるものがある（このほかに花王等）。また、「運用執行理事の交代に当たっては、就任時には企業年金連合会が主催する「新任運用執行理事研修」や年金業務幹事金融機関の就任時研修に加え、投資機関各社が実施する各種セミナーに出席させる」（J. フロントリテイリングのコーポレートガバナンス報告書〔2019年6月6日更新〕より抜粋）とし、研修を含めた人材の育成を挙げるものもある（ほかに丸紅建材リース等）。

運営面における取り組みについて、「資産運用委員会（担当役員以下で構成）を設置、運用の基本方針、運用ガイドライン並びに政策的資産構成割合の策定及び見直し検討を実施しています」（東京電力ホールディングスのコーポレートガバナンス報告書〔2019年7月11日更新〕より抜粋）とするもの、「運営面においては随時、資産運用検討委員会において運用状況のモニタリングを行う等の取り

組みを実施しています」（味の素のコーポレートガバナンス報告書〔2019年7月8日更新〕より抜粋）とするものなど，運用方針の決定や，運用状況の確認について開示するものが多い（ほかに，日清食品ホールディングス，花王等）。

　さらに，原則2－6は，上場会社が人事面・運用面の取組みを行う際に，企業年金の受益者と会社との間に生じうる利益相反が適切に管理されることを求めている。利益相反が生じうる場面は，さまざまな場面が想定されるが，例えば，企業年金の投資先に母体企業と利害関係のある企業の株式が含まれる場合の議決権行使の場面などが想定される。企業においては，利益相反が生じる場面を想定した上で，そうした利益相反を回避し，その影響を排除するための措置を講じることが求められる（田原ほか・コード改訂の解説17頁）。

　原則2－6は，このような利益相反の管理のための方策については開示を求めていないが，この点についても任意に開示をする例が見受けられ，「オリックスグループの株式および投資口の議決権行使については運用委託先の判断基準に従っており，利益相反に該当する事項はありません。」（オリックスのコーポレートガバナンス報告書〔2019年7月1日更新〕より抜粋）として母体企業の株式等の議決権行使については運用委託先の判断基準に従う旨を開示するものや，「個別の投資先選定や議決権行使を各運用機関へ一任することで，企業年金の受益者と会社との間で利益相反が生じないようにしております。」（東京電力ホールディングスのコーポレートガバナンス報告書〔2019年7月11日更新〕より抜粋）として運用の基本方針などの検討に際して運用コンサルタント会社を複数活用する旨を開示する例もある（コードに対応したコーポレートガバナンス報告書の記載事例の分析104・105頁）。

　原則2－6についてエクスプレインする企業は少ないが，エクスプレインの例としては，運用にあたる適切な資質を持った人材の計画的な登用が課題であるとする例（アドバンテスト），スチュワードシップの観点から対話等については課題であるとする例（みらかホールディングス）がある。

(3)　情報開示の充実について

①　原則3－1について

　本改訂により，取締役会が経営陣幹部の解任を行うに当たっての方針と手続，当該方針に基づき取締役会が経営陣幹部の解任を行う際の，個々の解任についての説明が開示対象に追加された。

本改訂後のコーポレートガバナンス・コードに基づく開示事例として，「代表取締役などの業務執行取締役（CEO以下の経営陣）について，その業績につき毎年定期的に指名委員会にて審議し，取締役会にて定めた解任基準に該当するとの審議結果であった場合は，指名委員会における審議結果を取締役会にて検証の上，基準に該当する場合は，取締役候補者として指名せず，また，代表取締役・業務執行取締役（CEO以下の経営陣）としての役職を解任します。」（アサヒグループホールディングスのコーポレートガバナンス報告書〔2019年3月26日更新〕より抜粋）とし，経営陣幹部やCEOの解任に関する基準として，取締役会での解任基準を定めた旨を開示する例，「社長執行役員を含む執行役員の解嘱については，『執行役員委嘱契約』に解嘱の要件を規定しており，その要件に合致した執行役員は取締役会の決議をもって解嘱されることになります」（田辺三菱製薬のコーポレートガバナンス報告書〔2019年10月11日更新〕より抜粋）として，社長執行役員を含む執行役員の解嘱については，執行役員との契約の解職の要件が適用されていると開示する例がある（コードに対応したコーポレートガバナンス報告書の記載事例の分析187頁）。

具体的な解任基準を開示する例として，「取締役の解任に当たっては以下の解任基準を踏まえ取締役会で決定する。①公序良俗に反する行為を行った場合，②健康上の理由から，職務の継続が困難となった場合，③著しく企業価値を毀損させる行為を行った場合」（長谷工コーポレーションのコーポレートガバナンス基本方針より抜粋）として，詳細な基準は公表せず，取締役が公序良俗に反する行為を行った場合，健康上の理由から職務の継続が困難になる場合，法令違反等の行為を行った場合に解任するとしているものが多い（このほかに，オープンハウス等）。社内の役員禁止事項の規定に抵触したことを解任基準とする例もある（マツモトキヨシホールディングス）。

解任に関する手続を開示する例として，「当社は，取締役が法令・定款違反をしたとき，その他職務を適切に遂行することが困難と認められたときは，指名・報酬諮問委員会における審議・答申に基づき，取締役会においてその審議結果を勘案した上で，取締役に関してはその解任案を，代表取締役社長等に関してはその解職をそれぞれ決定することとしています。」（国際石油開発帝石のコーポレートガバナンスに関する基本方針より抜粋）として，指名諮問委員会や第三者委員会等の任意の委員会における調査・審議に基づき，取締役会においてその審議等を行うとするものが多い（ほかに，味の素，東レ等）。また，「経

営陣幹部の選解任と取締役候補の指名に際しては，客観性と透明性を確保するため，社外取締役及び社外監査役を構成員とする『社外役員諮問会議』において，選解任・指名に関する基本的な考え方や取締役会の構成，個々の選解任・指名等について協議を行い，取締役会は，その助言・提言を踏まえ審議，決定することとしております。」（鹿島建設のコーポレートがバンスに関する報告書〔2019年6月28日更新〕より抜粋）とし，社外取締役及び社外監査役を構成員とする「社外役員諮問会議」における協議結果を取締役会に助言，提言する例もある。なお，経営陣幹部の解任についてエクスプレインの例としては，経営陣幹部の選解任のプロセスの客観性，任意の諮問委員会を設置し，または設置を検討するとしてエクスプレインする例（大塚商会等），任意の諮問委員会は設置していないが，その他の手段により客観性・適時性・透明性は確保できている，又は確保を図るとしてエクスプレインする例（SANKYO，ホシザキ）がある。

　また，経営陣幹部の解任については，一律に判断することは困難であるとしつつ，解任の要否を検討すべき発生事象の検討を進めるとしてエクスプレインする例（阪和興業）がある。

②　補充原則3－1①について

　本改訂により，有価証券報告書等の記載（政策保有株式を含む）についても，ひな型的な記述や具体性を欠く記述を避け，利用者にとって付加価値の高い記載となるようにすべきことになる。

⑷　取締役会等の責務について

①　補充原則4－1③について

　本改訂により，取締役会は，主体的に後継者計画の策定・運用に関与し，後継者候補の育成が十分な時間と資源をかけて計画的に行われていくよう適切に監督する必要がある。なお，後継者計画の策定・運用への関与や監督の主体は，取締役会自体ではなくても，任意の指名委員会などの独立した諮問委員会であれば，本補充原則の趣旨にかない，このような諮問委員会を主体とすることでも問題ない（改訂コードパブコメ番号68ないし70）。

　なお，投資家との建設的な対話を充実させるという観点からは，本補充原則を「コンプライ」する場合であっても，あわせて，後継者計画等に関する取組内容について積極的に説明を行うことが有益である（田原ほか・コード改訂の解

説9頁）。

後継者計画に関する任意の開示事例として，「経営者としての資質や役員として求められる人材像を明確化するとともに，経営人材育成のための研修，会議及び人材登用運営を定めた『経営者後継人材育成計画』を指名委員会にて審議の上策定し，運営しています。」（三井住友トラスト・ホールディングスのコーポレートガバナンス報告書〔2019年5月14日更新〕より抜粋）とし，「経営者後継人材育成計画」を指名委員会にて審議の上策定し，運営しているとするものがある。「社長執行役員の後継者を含めた人財戦略は経営の最重要課題の一つと捉えており，取締役会及び取締役選任審査委員会において継続的に議論をしていきます」（花王のコーポレートガバナンス報告書〔2019年9月26日更新〕より抜粋）とし，社長執行役員の後継者を含めた人財戦略について，取締役会及び取締役選任審査委員会において継続的に議論するとしているものもある。このほかに，将来の経営陣幹部となりうる人材に対して，研修やトレーニングの実施，経営上の重要な会議への出席を通した経営への参画経験を積ませていることを開示するものがある（東京エレクトロン，三菱重工等）。

補充原則4－1③についてのエクスプレインの例としては，後継者計画の策定等を行っていないことからエクスプレインするものが多い。具体的には，後継者計画の策定等が必須ではないとの認識を示す例（山崎製パン等），任意の委員会や取締役会等において，後継者計画の策定を目指すとする例（ヤフー，松井証券等）がある。

②　補充原則4－2①について

本改訂により，取締役会は，経営陣の報酬が持続的な成長に向けた健全なインセンティブとして機能するよう，客観性・透明性ある手続に従い，報酬制度を設計し，具体的な報酬額を決定すべき必要がある。

「客観性・透明性ある手続」として，典型的には独立の報酬諮問委員会による審議が想定されている（対話ガイドライン3－5）。

実務上，具体的な報酬額の決定を，取締役会から代表取締役等に再一任されている場合があり，そのような実務を否定するものではないが，そのような場合でも，十分な客観性・透明性が確保されるよう，取締役会の責任の下で，上場会社ごとに手続上の工夫をすることが重要であるとされている（改訂コードパブコメ番号84ないし90）。

③　補充原則４－３②について

　本改訂により，取締役会は，客観性・適時性・透明性のある手続に従い，十分な時間と資源をかけて，資質を備えたCEOを選解任する必要がある。

　CEOとは，経営トップを指すものであり，該当するか否かは，形式的な役職の名称によるのではなく，個々の上場会社の事情に応じ，実質的にそうした職責を担っているか否かによって判断される（改訂コードパブコメ番号52）。本規定は，社内論理のみが優先される不透明な手続によらずにCEOの選任を行うことを目的としている。そのため，「客観性」とは，CEOから独立性を備えた社外取締役の関与を高めることが想定された用語であり，「適時性」とは，状況に応じて機動的に新たなCEOを選任することが想定された用語であり（改訂コードパブコメ番号54ないし57），「透明性」とは，取締役会で決議した公式の会議体で，社外取締役の適切な関与，助言を得ながら審議することが想定された用語である。

　客観性・透明性のある手続としては，独立した指名諮問委員会による審議が考えられる（改訂コードパブコメ番号54ないし57）。それ以外にも，社外取締役が取締役の過半数を占める場合の当該取締役での審議なども客観性・透明性のある手続と整合すると考えられる。

④　補充原則４－３③について

　本改訂により，取締役会は，CEOがその機能を十分発揮していないと認められる場合に，CEOを解任するための客観性・適時性・透明性ある手続を確立する必要がある。

　「客観性・透明性」のある手続は，補充原則４－３②と同様に独立した指名諮問委員会による審議等が考えられる。「適時性」については，上場会社の業績等の評価や経営環境の変化等を踏まえ，硬直的な運用によることなく，機動的に行うことが求められ，そうした対応を可能とするとの趣旨が含まれる（改訂コードパブコメ番号58ないし60）。

⑤　原則４－８について

　本改訂により，「少なくとも３分の１以上の独立社外取締役を選任することが必要と考える上場会社」は，自社において判断する「十分な人数」の独立社外取締役を選任すべきことになる。

対象となるのは「少なくとも３分の１以上の独立社外取締役を選任することが必要と考える」上場会社であり，そうでない上場会社は「コンプライ・オア・エクスプレイン」を求められない（改訂コードパブコメ番号159ないし174）。

ただし，対話ガイドライン３－８においては，取締役会がその機能を発揮していく上で，十分な人数の独立社外取締役の選任が重要であるとの観点から，独立社外取締役が「十分な人数選任されているか」との点が示されており，こうした趣旨を踏まえ，投資家と上場会社との間で建設的な対話が行われることが期待されている（田原ほか・コード改訂の解説12・13頁）。

⑥　補充原則４－10①について

補充原則４－10①の対象となるのは，上場会社が監査役会設置会社または監査等委員会設置会社であって，独立社外取締役が取締役会の過半数に達していない場合である。

本改訂により，上場会社は，取締役会の下に独立社外取締役を主要な構成員とする任意の指名委員会・報酬委員会など，独立した諮問委員会を設置することにより，指名・報酬などの特に重要な事項に関する検討に当たり，独立社外取締役の適切な関与・助言を得る必要がある。つまり，「独立した諮問委員会の設置」が求められることになった。

ここで，「独立した」という意味は，諮問委員会に求められる役割や，原則４－７(iv)において独立社外取締役が「経営陣・支配株主から独立した立場」でその役割・責務を果たすことを求められている趣旨を踏まえ，一般株主と利益相反が生じるおそれがないかとの観点から実質的に判断されるべきとされている（改訂コードパブコメ番号113ないし115）。独立した諮問委員会の例として，独立社外取締役を主要な構成員とする指名委員会・報酬委員会が挙げられている。ここでいう，「主要な」の意味については，独立社外取締役の人数や割合，委員長の属性等の具体的な内容に基づき，実効的に独立社外取締役の適切な関与・助言を得られるかとの観点から合理的に判断される（改訂コードパブコメ番号113ないし115）。

さらに，コンプライ・オア・エクスプレインの枠組みの下，それぞれの企業の置かれた状況により，諮問委員会を設置しない場合には，その理由を十分に説明することにより対応する必要がある（田原ほか・コード改訂の解説11頁）。

補充原則４－10①は開示が求められている原則ではなく，任意の諮問委員会

に関する事項を開示している上場会社は必ずしも多くはないが，開示事例としては，「当社は，取締役会から独立した任意の委員会として，取締役の選定等および取締役の個別報酬等決定プロセスの透明性・客観性および説明責任を高めることを目的として，指名委員会および報酬委員会を設置しております。指名委員会は，取締役3名で構成し，半数以上を社外取締役としております。指名委員会は，取締役会より権限を付与された取締役選任・解任議案，代表取締役の選定・解職議案等の原案の策定と取締役会への提案を行います。報酬委員会は，取締役3名で構成し半数以上を社外取締役としております。報酬委員会は，取締役会の委任を受けて，個別報酬額の策定等を行います。また，取締役報酬方針・制度・体系に関する原案の策定及び取締役報酬に関して株主総会の承認を必要とする議案の原案の策定と取締役会への提案を行います。」（ロート製薬のコーポレートガバナンス報告書〔2019年7月8日更新〕より抜粋）とし，指名委員会・報酬委員会の設置状況を開示するものがある（ほかに，宇部興産，カカクコム等）。

⑦　原則4−11について

　本改訂により，上場会社は，ジェンダーや国際性の面が多様性に含まれることを明確にした上で，そうした多様性と適正規模を両立させる形で取締役会を構成することが求められる。コンプライ・オア・エクスプレインの枠組みの下，それぞれの企業の置かれた状況により，ジェンダーや国際性についての多様性を確保する必要がないと考える場合には，その理由を説明することになる（改訂コードパブコメ番号127ないし134）。

　また，本改訂により，上場会社は，監査役として適切な経験・能力及び必要な財務・会計・法務に関する知識を有する者を選任する必要がある。

　なお，原則4−11においては，財務・会計に関する十分な知見を有している者を1名以上選任することが求められているが，ここでいう財務・会計に関する「十分な知見」を有する者の意義は，改訂前（「適切な知見」）から変わるものではなく，会計監査人に監査を適切に実施させ，その監査の方法・結果の相当性を判断する際に役立つという意味である（改訂コードパブコメ番号191ないし195）。

　原則4−11における取締役会における多様性は，補充原則4−11①（取締役会は，取締役会全体としての知識・経験・能力のバランス，多様性及び規模に関す

る考え方を定め，取締役の選任に関する方針・手続と併せて開示すべきである）に関するものとして開示されている。

本改訂後のコーポレートガバナンス・コードに基づく開示事例として，「現在，取締役会は，社内取締役 9 名（うち女性 1 名，外国人 1 名）と独立役員である社外取締役 3 名（うち女性 1 名）計12名で構成されています。」（ロート製薬のコーポレートガバナンス報告書〔2019 年 7 月 8 日更新〕より抜粋）とし，自社の取締役に女性及び外国人の双方を登用していることを開示するもの，「現在，女性取締役，外国籍の取締役は選任されていませんが，国際的な業務経験豊富な社外取締役を選任しています。」（昭和通商のコーポレートガバナンス報告書〔2019 年 4 月10日更新〕より抜粋）とし，外国人ではないが国際性のある取締役を選任していることを開示するもの，女性取締役及び外国人取締役等の選任がないものの，ジェンダーや国際性の面を含む多様性にも配慮して取締役を選任していることを開示するものがある（テレビ朝日ホールディングス，サイボウズ等）。また，「監査役に求められる知識・知見」の開示事例としては，監査役の経験，能力，知識に言及する例が多い。

(5)　株主との対話について

原則 5 − 2 について

本改訂により，経営戦略や経営計画の策定・公表に当たって「自社の資本コストを的確に把握」することが明記された。また，経営資源の配分等の例として，「事業ポートフォリオの見直し」や「設備投資・研究開発投資・人材投資等」が明記された。

ここでいう「資本コスト」は，一般的には，自社の事業リスクなどを適切に反映した資金調達に伴うコストであり，資金の提供者が期待する収益率と考えられる。適用の場面に応じて株主資本コストやWACC（加重平均資本コスト）が用いられることが多いとされている（改訂コードパブコメ番号35・36）。

原則 5 − 2 については，開示すべき原則には該当しないものの，原則 5 − 2 をコンプライしている企業には，コーポレートガバナンス報告書における任意の開示として，自社における資本コスト，資本効率に関する目標や実績に言及するものがある（共立印刷，エーザイ等）。

⑹ ESG要素に関する情報について

　本改訂により，企業は，非財務情報を含む情報開示を行う場合，開示の役割や，ステークホルダーの関心も踏まえ，ESG要素に関する情報を含めて適切に開示を行い，利用者に有益な情報を提供する必要がある。

〔編者紹介〕

辺見　紀男（へんみ　のりお）

【略歴】

弁護士（サンライズ法律事務所）　中央大学法学部卒業，平成元年弁護士登録
日本弁護士連合会常務理事，第一東京弁護士会副会長，旧司法試験第二次試験
考査委員（商法担当），サッポロホールディングス株式会社社外監査役などを
歴任。現在，日弁連司法制度調査会商事経済部会特別委嘱委員，王子ホール
ディングス株式会社社外監査役など。

【主な著作】

『同族会社実務大全』（清文社）

『株式交換・株式移転の理論・実務と書式（第2版）』（民事法研究会）

『非公開会社・子会社のための会社法実務ハンドブック』（商事法務）

『敵対的買収と企業防衛』（日本経済新聞社）

『企業再編の理論と実務—企業再編のすべて』（商事法務）　など多数

武井　洋一（たけい　よういち）

【略歴】

弁護士（明哲綜合法律事務所）　東京大学教養学部卒業，平成5年弁護士登録
第一東京弁護士会総合法律研究所委員長・同研究所会社法研究部会部会長・新
司法試験考査委員（商法）などを歴任。現在，日本トムソン株式会社　社外取
締役。

【主な著作】

『会社法関係法務省令逐条実務詳解』（清文社）

『役員会運営実務ハンドブック』（商事法務）

『会社役員のリスク管理 実務マニュアル』（民事法研究会）

『Q&A新会社法の実務』（新日本法規）

『新会社法A2Z 非公開会社の実務』（第一法規）　など多数

枌田　由貴（まつだ　ゆき）

【略歴】

弁護士（サンライズ法律事務所）　一橋大学社会学部卒業，平成17年弁護士登録

現在，株式会社日本アクア社外取締役，公益財団法人一橋大学後援会監事など。

【主な著作】

『別冊商事法務No.402　社外取締役・社外監査役の兼職等状況の分析』（商事法務）

『平成27年5月施行会社法・同施行規則主要改正条文の逐条解説』（新日本法規）

『同族会社実務大全』（清文社）

『株式交換・株式移転の理論・実務と書式〔第2版〕—労務，会計・税務，登記，独占禁止法まで』（民事法研究会）

『こんなときどうする会社役員の責任』（第一法規）　など多数

〔著者紹介〕

上田　美帆（うえだ　みほ）［第5章担当］

弁護士（サンライズ法律事務所）　平成11年弁護士登録

現在，トレイダーズホールディングス株式会社社外取締役，立教大学観光ADRセンター調停人など。

【主な著作】

『Q&A旅館ホテル業トラブル解決の手引（改訂版）』（新日本法規）

岡ノ谷　雪枝（おかのや　ゆきえ）［第6章担当］

弁護士（東亞合成株式会社）　平成13年弁護士登録

現在，第一東京弁護士会総合法律研究所会社法研究部会委員。

【主な著作】

『Q&A新会社法の実務』（新日本法規）

『共有の法律相談』（青林書院）　など

佐々木　茂（ささき　しげる）［第9章担当］

弁護士（半蔵門総合法律事務所）　平成18年弁護士登録

【主な著作】

『最新　取締役の実務マニュアル』（新日本法規）

『借地借家紛争解決の手引き』（新日本法規）

村瀬　幸子（むらせ　さちこ）［第6章担当］

弁護士（九段坂上法律事務所）　平成20年弁護士登録

現在，株式会社文教堂グループホールディングス社外監査役，ニチアス株式会社社外監査役など。

【主な著作】

『100分でわかる企業法務』（KADOKAWA）

『会社法実務大系』（民事法研究会）

川見　友康（かわみ　ともやす）［第8章担当］

弁護士（法律事務所Comm&Path）　平成21年弁護士登録

【主な著作】

『後継者指名についての記載例―コーポレートガバナンス・コードを受けて（資料版商事法務）』（商事法務）

『同族会社実務大全』（清文社）

安保　洋子（あんぽ　ようこ）［第7章担当］

弁護士（サンライズ法律事務所）　平成22年弁護士登録

現在，株式会社smart-FOA社外監査役，一般財団法人全日本剣道連盟監事。

【主な著作】

『要綱から読み解く債権法改正』（新日本法規）

『新旧対照でわかる改正債権法の逐条解説』（新日本法規）

横溝　聡（よこみぞ　さとし）［第7章担当］

弁護士（サンライズ法律事務所）　平成23年弁護士登録

【主な著作】

『必携　実務家のための法律相談ハンドブック』（新日本法規）

多田　啓太郎（ただ　けいたろう）［第 1 章担当］
弁護士（明哲綜合法律事務所）　平成24年弁護士登録
現在，第一東京弁護士会総合法律研究所会社法研究部会委員など。
【主な著作】
『同族会社実務大全』（清文社・共著）
『会社法実務大系』（民事法研究会・共著）

小松　真理子（こまつ　まりこ）［第 3 章担当］
弁護士（株式会社電通）　平成26年弁護士登録
現在，企業内弁護士として株式会社電通法務マネジメント局に所属。
【主な著作】
『開示事例から考える「コーポレートガバナンス・コード」対応』（商事法務）
『コーポレートガバナンス・コードに対応した招集通知・議案の記載例』（商事法務）
『会社法実務大系』（民事法研究会）

西山　諒（にしやま　りょう）［第 2 章担当］
弁護士（明哲綜合法律事務所）　平成26年弁護士登録
現在，第一東京弁護士会総合法律研究所会社法研究部会委員，同研究所倒産法研究部会委員，同研究所IT法研究部会委員など。
【主な著作】
『会社役員のリスク 管理実務マニュアル』（民事法研究会）
『役員会運営実務ハンドブック』（商事法務）など

矢野　亜里紗（やの　ありさ）［第 4 章担当］
弁護士（法律事務所Comm&Path）　平成27年弁護士登録
現在，第一東京弁護士会総合法律研究所会社法研究部会委員，同研究所倒産法研究部会委員など。
【主な著作】
『会社法実務大系』（民事法研究会）
『会社役員のリスク管理 実務マニュアル』（民事法研究会）

令和元年会社法改正
■コーポレートガバナンスの強化と合理化に向けて

2020年3月5日　第1版第1刷発行

編　者	辺　見　紀　男
	武　井　洋　一
	桝　田　由　貴
発行者	山　本　　　継
発行所	㈱中　央　経　済　社
発売元	㈱中央経済グループ パブリッシング

〒101-0051　東京都千代田区神田神保町1-31-2
電話　03 (3293) 3371(編集代表)
03 (3293) 3381(営業代表)
http://www.chuokeizai.co.jp/
印刷／三　英　印　刷　㈱
製本／有井　上　製　本　所

ⓒ 2020
Printed in Japan

＊頁の「欠落」や「順序違い」などがありましたらお取り替えいた
しますので発売元までご送付ください。(送料小社負担)
ISBN978-4-502-33981-3　C3032

JCOPY〈出版者著作権管理機構委託出版物〉本書を無断で複写複製(コピー)することは,
著作権法上の例外を除き,禁じられています。本書をコピーされる場合は事前に出版者著
作権管理機構(JCOPY)の許諾を受けてください。
JCOPY〈http://www.jcopy.or.jp　eメール：info@jcopy.or.jp〉

「Q&Aでわかる業種別法務」シリーズ

──── 日本組織内弁護士協会〔監修〕 ────

インハウスローヤーを中心とした執筆者が，各業種のビジネスに沿った法務のポイントや法規制等について解説するシリーズです。自己研鑽，部署のトレーニング等にぜひお役立てください。

Point
- 実際の法務の現場で問題となるシチュエーションを中心にQ&Aを設定。
- 執筆者が自身の経験等をふまえ，「実務に役立つ」視点を提供。
- 参考文献や関連ウェブサイトを随所で紹介。本書を足がかりに，さらに各分野の理解を深めることができます。

〔シリーズラインナップ〕

銀行	好評発売中
不動産	好評発売中
自治体	好評発売中
医薬品・医療機器	好評発売中
証券・資産運用	好評発売中
製造	続　刊
建設	続　刊
学校	続　刊

中央経済社